Für die Frau, die dafür sorgt,
dass meine Falten
jetzt wieder jederzeit
als Lachfalten durchgehen

Der 40-Jährige, der aus dem Golf stieg
und verschwand

Liebe Mara,
viel Spaß
beim Älterwerden!
München,
Dezember 2014

Christian

Der 40-Jährige, der aus dem Golf stieg und verschwand

Die Deutsche Nationalbibliothek verzeichnet diese Publikation in der Deutschen Nationalbibliografie. Detaillierte bibliografische Angaben sind im Internet über http://dnb.d-nb.de abrufbar.

© EFF ESS Verlagsanstalt,
  Inh. Dr. Florian Sonneck, Hoher Weg 2, Affing, 2014

Gesamtherstellung:
Druckerei & Verlag Steinmeier, Deiningen

Printed in Germany

ISBN 978-3-980505-64-2

1. Das Große und nicht mehr ganz Ganze   7

2. Autos: Alles fließt und noch mehr wächst   21

3. Online-Dating: Was sind wir immer noch toll!   31

4. Der zweite Anlauf: Freunde, Partner,
   Lebensgefährten   35

5. Sex: Warten, bis der Therapeut kommt   41

6. Playboy: Warum er niemals „Sugardaddy"
   heißen darf   53

7. Wir sind wieder wer. Aber wer?
   Und wenn ja, wie viele?   57

8. Ratgeber und das Work-Life-Bullshit-Bingo   65

9. Konfrontation mit allem, jedem
   und sich selbst   73

10. Ich, der Spießer   83

11. Burn-out: Bitte nur jeder einen …   87

12. Bayern 3: Der Soundtrack, der abschreckt   93

13. Musik: Das war wenigstens noch
    handgemacht!   101

14. Risiko: Wir bleiben dann mal lieber da   109

15. Türen – und die Einsicht, dass sich
    manche für immer schließen   119

16. Osten, Westen und ein bisschen
    Gehirnschwund   125

17. Die Schlager der Woche und das
    schönste Urlaubsfoto   133

18. Nostalgie, die alte Krankheit 139

19. Früher war alles besser (was denn sonst?) 145

20. Transformation: Du erkennst dich
    selbst nicht wieder 149

21. Marathon: Eine reine Kopf-
    und Bauchsache 155

22. Wären wir Helden (für mehr als einen Tag) 161

23. Mode: Karotten in pastell 167

24. Haare und der Kampf mit den
    Friseur-Schnecken 171

25. Das Wochenende: Samstags gehört
    Vati allen 177

26. München, Berlin, Dingolfing 183

27. Kinder, Kinder 195

28. Mama, Papa 207

29. Oma, Opa: Wir kommen! 211

30. Veränderungen: Es hilft ja nix 215

31. Was auf der Strecke bleibt 219

32. Und nun? 223

33. The Beatles 233

34. Das etwas andere Glossar 247

35. Danksagung 251

1

Das Große und nicht mehr ganz Ganze

Es gibt eine schlechte und eine sehr schlechte Nachricht. Die schlechte lautet: Mit spätestens 40 fangen Männer an zu spinnen. Der eine früher, der andere später, die einen mehr, die anderen ein bisschen weniger. Aber in keinem Fall kommt irgendjemand daran vorbei (nur für den Fall, dass Sie jetzt gedacht haben, Sie könnten sich die Lektüre dieses Buchs sparen oder mal eben querlesen und dann ein bisschen mitreden).

Die sehr schlechte Nachricht lautet: Frauen auch. Kurz gefasst könnte man also sagen, dass der allergrößte Teil der 40- bis 50-Jährigen in diesem fatalen Lebensjahrzehnt eine Art zweite Pubertät mitmacht, nur nicht ganz so lustig. Und auch nicht so harmlos: In der Pubertät bekämpft man Pickel und leichte Stimmungsschwankungen, man wundert sich als Junge über eine plötzlich erst kieksende und dann brummende Stimme, als Mädchen freut man sich über wachsende Brüste bzw. ärgert sich über das Ausbleiben des Wachstums. Generell hat man es in diesem Alter mit etwas merkwürdigen Befindlichkeiten zu tun. Nicht alle davon sind erfreulich. In jedem Fall fragt man sich kurz, wie ein weiteres Leben Sinn machen soll mit kieksender Stimme, zu kleiner oder zu großer Brust, man kauft sich ein bisschen Pickelcreme und findet seine Umwelt latent eher doof. Aber nach zwei, drei Jahren ist der Zauber dann auch schon wieder vorbei und im Regelfall lebt man dann vergnügt vor sich hin. War irgendwas?

Bis man 40 wird.

Das Dumme daran ist: Diese zweite Pubertät dauert deutlich länger als die erste. Und es ist leider auch nicht damit getan, dass man ein paar Hautunreinheiten bekämpft. Die natürlich auch und die Stimmungsschwankungen sowieso. Aber man bekämpft daneben auch alles andere, einschließlich seiner selbst. Man glaubt gar nicht, wie sehr man sich selbst bekämpfen kann, vor allem dann, wenn man sich selbst nicht mehr so richtig kennt und man sich gelegentlich fragt, wem eigentlich der Körper gehört, in dem man sich aktuell befindet.

Was in des Wortes Sinne schon beim ersten Hinsehen verständlich ist: Mit 40 sind wir tendenziell ein bisschen aus dem Leim gegangen und aus der Fassung geraten. Manchmal sind wir auch einfach nur fassungslos. Das ist nicht weiter verwunderlich. Mediziner beispielsweise haben festgestellt, dass man Jahr für Jahr rund ein Pfund zunimmt. Das ist oberflächlich betrachtet überhaupt nicht tragisch. Ein Pfund, das sind zwei Stück Butter. Gemessen daran, dass wir Männer inzwischen in unserer Generation auf rund 1,82 Meter Durchschnittsgröße kommen, ist ein Pfund leicht zu verteilen (darüber, wie man sich fühlt, wenn die nachfolgende Generation es im Schnitt auf über 1,90 bringt, reden wir dann an anderer Stelle). Also, zwei Stück Butter – damit kann man leben, wie es scheint. Wenn man dann aber mal zusammenzählt, kommt die ganze Tragweite dieses Butterstücks zum Vorschein. Rechnet man also diesen statistischen Zuwachs in den Jahren zwischen 20 und 40 zusammen, sind das satte zehn Kilo und die entsprechenden Kleidergrößenzuwächse. Wirklich deprimierend daran ist, dass diese Zuwächse quasi naturgegeben sind, man muss sich dafür nicht einmal sonderlich anstrengen und besonders kalorienreich essen bei wenig Bewegung. Weil beides aber in einem Alter gen 40 eher wahrscheinlicher denn unwahrscheinlicher wird, ist man mit zehn Kilo in 20 Jahren vermutlich gut bedient. Tatsächlich kennt jeder Mittvierziger die wahlweise peinlich berührenden oder dann doch irgendwie amüsanten Momente (abhängig von der eigenen Konstitution), in denen man bei Klassentreffen dem einst ranken Banknachbarn von der Schule gegenübersteht und man sich fragt, wie lange es wohl noch dauern wird, bis er platzt. Da machen Männer und Frauen vermutlich keinen Unterschied, nur dass bei Männern ein paar andere Insignien des Alterns hinzukommen. Graue Haare beispielsweise. Oder, noch blöder: gar keine mehr. Es müssen Menschen unseres Alters gewesen sein, die die Glatze plötzlich zum Trend erklärt haben, anders kann man sich das nicht erklären. Bevorzugt solche, die keine echte Glatze hatten, sondern einen mönchisch anmutenden Haarkranz. Bevor man sich mit dem Haarkranz öffentlich lächerlich macht, rasiert man sich lieber alle Haare ab, so viel ist mal sicher. Vermutlich sind das auch dieselben Trendsetter, die aus schierem Eigeninteresse erklären, graue Haare oder eine Glatze seien sexy. Mag sein, dass es Menschen gibt, die so was glauben. Aber es gab auch Menschen, die in unserer Jugend freiwillig *„Modern Talking“* gehört haben. Man kann sich also alles, so viel weiß man in unserem Alter dann doch schon, schönsaufen oder schönreden, sogar den Haarausfall. Aber falls Sie sich gerade womöglich als jüngerer Leser in dieses Buch verirrt haben sollten, glauben Sie mir: Niemand will freiwillig Haarausfall. Das ist so wahrscheinlich wie jemand, der sich freiwillig Fußpilz wünscht.

Jedes Jahr ein Stück Butter mehr an Gewicht, ein bisschen Haarausfall und so langsam aussehen wie der eigene Vater oder vielleicht sogar noch schlechter – wenn es mehr nicht ist, dann haben wir ja keine großen Probleme und damit könnte dieses Buch auch schon wieder enden und als netter, kleiner Erlebnisaufsatz und unerhebliche Fußnote in irgendeinem Blog in die ewigen Jagdgründe missglückter Publizistik eingehen. Aber, Sie ahnen es, das alleine ist es ja nicht. Im Gegenteil, es wäre schön, bliebe es dabei.

Abnehmen kann man mit ein bisschen Disziplin sogar noch in unserem hohen Alter und die Sache mit den Haaren, da gibt es eine ganze Menge Lösungen, einschließlich Toupets. Es gibt inzwischen sogar Fußballtrainer und Politiker, die sich die beginnende Glatze durch eine Haartransplantation bedecken lassen und fürchterlich stolz darauf sind, wie cool das geworden ist. Die äußerlichen Deformationen sind vermutlich das geringste Problem.

Vielmehr ist es eine unschöne Ansammlung von sehr vielen Dingen, die auf einen Schlag passieren. Vielleicht ist das alles ein Grund dafür, ein bisschen radikal zu werden: Männer bekommen Haarausfall, Frauen kämpfen gegen die Schwerkraft, alle zusammen trauen sich kaum auf die Waage. Wer die 40er komplett ohne Brille übersteht, darf als kleines biologisches Wunder durchgehen. Man sieht schon auch mal die ersten Hörgeräte und ja, auch das: die ersten Todesanzeigen. Die Ehen und Beziehungen haben sich eingeschliffen und sind zur Routine geworden, falls sie überhaupt noch existieren. Wenn man sich in einem halbwegs durchschnittlichen Alter für Kinder entschieden hat, dann bekommt man eine Ahnung davon, dass Kinder ihre Eltern nicht ewig brauchen und sie eigentlich schon jetzt als weitgehend überflüssig erachten. Ganz sicher weiß man, dass es das jetzt trotz aller intensiven Bemühungen gewesen ist mit der eigenen Jugend. Statistisch betrachtet hat man als Mittvierziger die Hälfte des Lebens hinter sich. Man muss nicht mal Kulturpessimist sein, um sagen zu können: Die schlechtere Hälfte kommt jetzt, zumindest wenn man rein körperliche Aspekte bei dieser Überlegung zugrunde legt. Natürlich gibt es all die tröstenden Sätze, jeder von uns hat schon mal gehört, dass das Beste jetzt erst kommt. „Life begins at 40", hat der großartige John Lennon mal behauptet und man hätte ihm gewünscht, dass er wenigstens seinen 41. Geburtstag erlebt hätte. Hat er aber nicht, insofern ist Lennon ein eher ungeeigneter Kronzeuge für seine eigene Theorie.

„Life begins at 40" ist übrigens, bei aller tiefen Verehrung für John Lennon, ebenso ein Pfeifen-im-Walde-Satz wie das neuerdings oft gehörte „The best is yet to come." Selbst 80-Jährigen schreibt man so was inzwischen zum Geburtstag und es ist nicht mal ironisch gemeint. Alle trösten sich damit, dass das Beste schon noch kommen werde. Wahrscheinlich muss das so sein: Ein Satz wie „Das Beste haben wir leider schon hinter uns" würde vermutlich zu deprimierend klingen. Also glauben wir das mal schön, auch wenn wir nur zu gut wissen, dass es sich in unserem Alter verhält wie in der Mathematik: Die Vorzeichen ändern sich. Früher haben wir trainiert, damit wir besser, schneller, schöner werden. Heute trainieren wir, damit der Verfall etwas langsamer vonstatten geht. Der Satz „Du schaust aber gut aus!" wird irgendwann in der Lebensmitte ersetzt durch „Du hast dich aber gut gehalten." Als meine Töchter mir zum ersten Mal attestierten, ich hätte mich „für mein Alter" gut gehalten, wusste ich: Jetzt werde ich wirklich langsam alt.

Und da reden wir noch von Midlife-Crisis? Was für ein verharmlosender Quatsch! In Wirklichkeit fühlen wir uns eher so, als ginge gerade die Welt unter und das „Midlife" fühlt sich an wie das Ende aller Tage. Wer den Begriff „Midlife-Crisis" kreiert hat, könnte genauso gut Politiker oder Pressesprecher einer Bank werden, bei so viel Talent dafür, dramatische Sachverhalte schönzureden. Deshalb schon jetzt ein Versprechen: Der Begriff taucht in den noch folgenden Seiten dieses Buchs nicht mehr auf. Dazu ist die Lage viel zu ernst.

Das klingt alles nach einer eher unerfreulichen Ausgangslage. Nicht umsonst gibt es Forscher, die eine Theorie bemühen, die in etwa Folgendes besagt: In den Jahren zwischen, sagen wir, 35 und 45 begibt sich der Mensch auf einen steilen Weg bergab. Die möglichen Gründe dafür stehen im vorherigen Absatz – und es bedürfte vermutlich nicht mal ausgiebiger Recherche, sofort noch ein paar mehr zu finden. In diesen Jahren also geht es in ein mehr oder weniger tiefes Tal, dessen Tiefpunkt man ungefähr mit 45 erreicht. Vorstellen muss man sich diese Entwicklung wie den Buchstaben „U". Das ist insofern tröstlich, als es bei dem „U" ja auch mal wieder aufwärts geht. Wenn man eine ordentliche Handschrift hat, dann geht es am anderen Ende wieder genauso hoch wie zuvor. Eine kleine Krise also, sagen uns die Forscher, kein Grund, sich aufzuregen, da kommt ihr alle wieder raus. Vielleicht ist es demnach nicht mehr das Beste, was noch kommt. Aber so gut wie früher könnte es schon noch mal werden.

Obwohl, wenn man sich dieses vermaledeite „U" mal genauer anschaut: Der Strich auf der linken Seite ist ganz schön lang, es dauert einige Zeit, bis man unten angekommen ist. Was auf der anderen Seite bedeutet, dass der Weg nach oben mindestens genauso lang ist. Vermutlich ist es besser, sich darauf einzustellen, dass die ganze Geschichte doch etwas mehr ist als eine kleine Delle im ansonsten glatt funktionierenden Leben. Man befindet sich also einen beträchtlichen Teil des Lebens irgendwo auf dem Weg in ein Tal oder gerade wieder heraus, die Höhepunkte sind womöglich etwas spärlich. Das ist vermutlich wie beim Sex: Orgasmen machen – so haben Wissenschaftler mal ausgerechnet – gerade mal eine Stunde des gesamten Lebens aus. Aber der Rest davor und danach kann ja auch ganz schön sein.

Man muss Wissenschaftlern aber nicht wirklich alles glauben. Wissenschaftler hauen jeden Tag irgendwelche Theorien raus, vor allem, wenn es um die Gesundheit und das Wohlbefinden des Menschen geht. Würde man die alle lesen und womöglich auch noch ernst nehmen, man würde sich nicht mehr trauen, auch nur noch irgendwas zu sich nehmen oder sich womöglich zu bewegen. Forscher beschäftigen sich schließlich auch mit so spannenden Fragen, ob die Wirkstoffe von Früchtetee bei Männern über 40 potenziell Krebs auslösen. Oder so ähnlich. Wenn man nur lange genug sucht und liest, dann gibt es nichts, wovor nicht irgendjemand schon mal gewarnt hat.

14

Irgendwas kann theoretisch immer etwas Unschönes auslösen. Insbesondere das Leben als solches soll einigermaßen gefährlich sein, hört man.

Trotzdem: Ob man den Wissenschaftlern jetzt glauben mag oder nicht, man muss sich ja nur mal umschauen. Man kann beispielsweise ein Klassentreffen besuchen oder, wer es lieber virtuell mag, ein bisschen bei Facebook und anderen voyeursfreundlichen Einrichtungen nachschauen, was die anderen Leidensgenossen so treiben. Man hat dann in wenigen Minuten schon genug gesehen, um zu wissen, dass irgendwas dran sein muss an dieser Theorie. Da sind eindeutig zu viele, die alle Anzeichen des merkwürdigen Verhaltens von 40-Jährigen in der ungefähren Mitte ihres Lebens aufweisen. Ich kenne einen aus meinem sehr erweiterten Bekanntenkreis, der versucht sein Glück mittlerweile als Geistheiler. So weit muss man ja nicht gleich gehen. Obwohl es in vermutlich jedem Bekanntenkreis einige gibt, bei denen man sich nicht sicher ist, ob ein Besuch bei so einem Geistheiler nicht vielleicht doch eine ganz hilfreiche Maßnahme wäre. Man kann also fürs erste festhalten, dass die Jahre zwischen 40 und 50 irgendwie auch Jahre der Verwirrung sind.

In den 40ern hatte ich zwei Klassentreffen. Beim ersten waren wir alle gerade mal Anfang 40 und es war eine wahre Pracht, uns jungen, dynamischen Menschen beim Schmieden unserer Pläne zuzuschauen. Da hatten wir gerade die Jahre, die man „rush hour" nennt, hinter uns gebracht. Kinder, Häuser, Erfolg, alles da. Da hatten sich die neun Jahre auf dem Gymnasium doch mal echt gelohnt. Kein Gedanke daran, dass sich das jemals noch mal ändern könnte. Das Leben und der Erfolg gehörten uns, wie könnte es anders sein?

Fünf Jahre später waren wir nicht einfach nur fünf Jahre älter geworden. Auch die Themen, über die wir plauderten, hatten sich rasant geändert. Plötzlich war von Scheidungen die Rede, von eher ungewollten Jobwechseln – und alles in allem lag über dem Abend ein wenig die bedrückende Erkenntnis, dass in den letzten fünf Jahren doch nicht einfach alles so weitergegangen war, wie wir das gerne gehabt hätten. Und wir lernten: Nein, das Leben und der Erfolg gehören nicht zwangsläufig uns. Und ja, es kann anders sein. Ganz anders.

Davon abgesehen – und weil man dann ja trotzdem immer so tut, als seien diese Jahre als Gefangener des großen „U" eine irgendwie ulkige Angelegenheit: Bisher habe ich noch keinen Leidensgenossen kennengelernt, den seine 40er Jahre gebeutelt haben, während er sich gleichzeitig darüber amüsiert hat. „Keine Sorge, das ist bald wieder vorbei und dann bin ich wieder so fit wie früher" – den Satz habe ich noch nie gehört und ich vermute, ich werde es auch nicht mehr tun. Es sind höchstens immer die anderen, die sich amüsieren. Wir selber finden, dass diese Jahre nicht gerade vergnügungssteuerpflichtig sind. Und ob andere dieser Meinung sind, das sei zumindest mal dahingestellt. Zumal man ja auch eher selten von positiven Seiten dieser Jahre hört: Hey, dem XY steht seine Halbglatze aber richtig gut – auf den Widersinn dieses Satzes muss man vermutlich niemanden aufmerksam machen.

Stattdessen machen Menschen in der Mitte ihres Lebens ganz erstaunliche Dinge, die man alle in einen Zusammenhang bringen kann mit einem latenten Misstrauen in die „Wird schon wieder"-Theorie der Wissenschaftler. Sie fangen an, Marathon zu laufen, selbst wenn sie in den 39 Jahren zuvor Mühe hatten, die Beine unfallfrei nebeneinander her zu bewegen. Sie holen abgebrochene Studiengänge nach, machen beliebig viele Führerscheine, besuchen Töpferkurse, verwirklichen sich pauschal mal eben selbst. Oder sie schreiben Bücher *(Ich weiß, wovon ich rede, glauben Sie mir!)*. Dieses Buch beispielsweise ist u. a. der Motivation entsprungen, es vor meinem 50. Geburtstag fertigzustellen. Wenn also quasi alles von alleine gut wird und man spätestens mit 50 wieder in altem Glanz erstrahlt – wozu dann also Marathonläufe und Kochkurse und exzessives Lesen von Ratgebern?

Und das sind alles die noch eher harmlosen Varianten. In den nicht ganz so netten Varianten werden Ehen geschieden. An der Tatsache, dass statistisch inzwischen jede zweite Ehe in Deutschland vor dem Richter endet, haben wir vermutlich einen erheblichen Anteil. Es ist sicher kein Zufall, dass es keineswegs dieses verflixte 7. Jahr ist, wie man sprichwörtlich gerne hört. Die meisten geschiedenen Ehen haben vorher deutlich länger als zehn Jahre gehalten. Wenn man also, nur mal angenommen, irgendwann zwischen 25 und 30 heiratet und man diese 10 plus x Jahre dazurechnet, dann kann man sich leicht ausrechnen, wie alt der durchschnittliche Deutsche bei seiner Scheidung ist. Na, dämmert was?

Immerhin gibt es jetzt schon so interessante Einrichtungen wie „Scheidungspartys", die angeblich irre lustig sein sollen. Dass man heutzutage nicht mehr „schuldhaft", sondern einfach nur noch geschieden wird, deutet ebenfalls auf die Normalisierung des Vorgangs hin. Wenigstens ist man inzwischen nicht mehr lebenslang stigmatisiert, wenn man eine Scheidung hinter sich hat. Man kann mit dem Label „geschieden" oder „ledig" mittlerweile ganz gut leben im Vergleich zu dem Geraune, dass es zu unseren Kinderzeiten gab, wenn man sich leise flüsternd hinter vorgehaltener Hand erzählte, die Nachbarin sei übrigens eine „Geschiedene". Dahinter kamen im sozialen Status nur noch Tätowierte.

Unsere Generation hat zudem den Burnout kultiviert. Und zwar so sehr, dass man mindestens einen gehabt haben muss, will man für voll genommen werden. Der Burn-out ist in etwa das, was in der Pubertät der erste Sex war: Man hat davon gehört und die bewundert, die schon mal welchen hatten. Noch kein Burn-out? Na, da haben wir aber irgendwas nicht richtig gemacht!

Oder Sie sind noch keine 40. Dann besteht noch Hoffnung: Mit 40 haben Sie ausgezeichnete Chancen, doch noch irgendwann mitreden zu können. Der Burn-out ist alles mögliche: Beleg dafür, wie sehr man sich in seinem Job und in seinem ganzen Leben reingekniet hat. Zwangsläufige Erscheinung, wenn man sich davor drei Jahrzehnte mit dem Leben als solches auseinandergesetzt hat und dabei feststellt, dass es nicht immer nur ein Spaß ist (in dem Zusammenhang: Könnten wir gemeinsam eine Initiative zur Abschaffung des selten dämlichen Satzes *„Das Leben ist kein Ponyhof ...“* starten?). Er ist die innere Manifestation dessen, was man äußerlich als handfeste Schrammen bezeichnen würde. Manchmal ist der Burn-out sogar echt.

Kurz gesagt: Es ist eine ganze Menge, was man in diesen wenigen Jahren erlebt. Erleben muss. Wobei dieses Müssen sozusagen systemimmanent ist: Man meint, alles im Griff zu haben – und verliert doch ein wenig die Kontrolle über sich selbst und das ganze Leben. Es ist ja nicht so, dass alles, was in diesen Jahren passiert, restlos der eigenen Entscheidung und dem freien Willen entspringt, da müsste man ja ganz schön blöd sein, würde man das alles wirklich wollen. Wer etwas anderes behauptet, ist ein Hochstapler. Oder war nie richtig 40. Über 40, wunschlos glücklich und nie was falsch gemacht? Ok, hören Sie an dieser Stelle sofort auf zu lesen. Und überlegen Sie, ob Sie sich nicht eventuell in einem Museum ausstellen lassen wollen.

2

Autos: Alles fließt und noch mehr wächst

An dieser Stelle müssen wir zunächst einmal über Autos reden. Autos? Ja, Autos. Das liegt daran, dass Autos eine sehr hübsche Metapher sind, wenn man über das Leben als 40-Jähriger sinniert. Wir sind mit unseren Autos mitgewachsen, haben uns selbst mit immer mehr Technik und Zubehör vollgestopft – und sind deshalb so anfällig wie nie zuvor. Versagt auch nur ein kleines Stückchen dieser großartigen Technik, liegen beide lahm. Wir und die Autos. Spätestens das sind dann übrigens die Momente, in denen wir leicht schwelgend denken, wie angenehm und leicht das alles doch früher ohne diesen ganzen Krempel war. Funktionierte nicht der VW Käfer auch, obwohl heute in jeder billigen Digitaluhr mehr Technik steckte als im ganzen Käfer?

Dabei hatte alles einmal so schön begonnen, irgendwann vor zwei Jahrzehnten, unsere gemeinsame Geschichte. Autos waren etwas Großartiges, als man sie erfand (latent dachten wir das von uns selbst natürlich auch). Man hat sie immer weiterentwickelt, zunächst

zu Dingen, die man heute als banal erachtet, die aber
damals mindestens revolutionär waren. Vier Türen beispielsweise. Fünf-Gang-Getriebe. Sicherheitsgurte. Für
die Jüngeren unter Ihnen: Das ist alles noch gar nicht
so lange selbstverständlich, wie Sie jetzt vermuten.
Irgendwann kamen dann noch Klimaanlagen dazu und
Navigationsgeräte und sechs Gänge und eine Unmenge
Elektronik, die noch zu den Zeiten unserer Geburt für
ein ganzes Raumschiff ausreichte. Die Autos von heute
sind, kein Witz, mit mehr Elektronik ausgestattet als
die Apollo-Rakete, die 1969 die ersten Menschen
Richtung Mond katapultierte. Man muss sich nur mal
den Spaß erlauben, heute beim Händler einen neuen
gehobenen Mittelklasse-Wagen abzuholen: Die Ein-
weisung des freundlichen Verkäufers in das neue
Fahrzeug nimmt ungefähr zwei Stunden in Anspruch.
Mit dem Ergebnis, dass man hinterher restlos verunsichert losfährt und sich nicht sicher ist, ob man das
Technik-Monster unfallfrei bis nach Hause bewegen
kann. Das ist übrigens mit dem Rest unseres voll-
gestopften Lebens auch nicht deutlich anders: Es ist in
seiner ganzen Großartigkeit ziemlich komplex geworden, so dass man alle Mühe hat, es irgendwie halbwegs passabel über die Runden zu bringen.

Das wirft exemplarisch eine Frage auf, mit der wir uns
in diesem Alter immer wieder beschäftigen: Wie ging
das eigentlich alles früher? Wie konnte man zum Mond
fliegen mit einer Rakete, die aus heutiger Sicht nicht
einmal einfachste Elektronik beherrschte? Wie funktionierte das Leben doch gleich noch mal ohne Handys

und ohne Computer? Und Fernsehen in schwarz-weiß, das gab's echt mal? Es muss sich alles in allem um eine eher ärmliche Jugend gehandelt haben, denkt man sich, während man den Kindern zusieht, wie sie gerade mit dem Smartphone einen kurzen Videoclip drehen und diesen anschließend mit der ganzen Welt teilen.

Das Auto als solches jedenfalls, um beim Thema zu bleiben, wurde immer großartiger und immer wichtiger und immer teurer. Wenn man heute einen Kleinwagen für 20.000 Euro bekommt, ist man ja schon glücklich. Hätte vor 30 Jahren jemand 40.000 Mark für ein Auto bezahlen können, er wäre als ausgesprochen gut situierter Mensch betrachtet worden. Autos begannen, unser Leben zu regieren. In jeder Hinsicht: In meiner niederbayerischen Heimatstadt Dingolfing wurden irgendwann mal gewaltige Schneisen in das Stadtbild geschlagen, weil man meinte, die autogerechte Stadt bauen zu müssen. In der Hinsicht sind wir selbst ja auch nicht deutlich anders gewesen: Wir nahmen uns auch immer wichtiger, wurden immer teurer in Anschaffung und Unterhalt und am Ende haben wir jede Menge Schneisen ins Leben geschlagen, damit auch ja alles so funktioniert, wie wir das gerne hätten. Nicht umsonst nennt man Menschen in den Jahren zwischen 30 und 40 auch die „Rush-hour-Generation". Platz da, Leben, jetzt kommen wir!

Und wir? Wir sind natürlich mit unseren Autos mitgewachsen. Die Autos wurden so groß wie wir, ohne dass jemals jemand in Frage gestellt hat, ob dieses permanente Wachstum auch wirklich gesund ist. Das hat der durchschnittliche 40er auch nie getan – weder bei sich noch bei den Autos. Das war halt einfach so: Alle zwei, drei Jahre ein neues Auto, das noch größer und gewichtiger wurde, so wie wir auch. Wir wurden größer und größer, weil wir es konnten. Das ist übrigens auch eine sehr hübsche Begründung für den Kauf von Autos ab einer bestimmten Größenordnung und Preisklasse. Sinn machen der BMW, der Mercedes oder gar der Porsche nur sehr eingeschränkt. Man macht es halt, weil man es kann.

Unlängst habe ich übrigens ein Foto eines früheren Freundes, eines ehemals überragend guten Sportlers gesehen. Der Mann ist Mitte 40 und man kann trefflich darüber streiten, ob er oder sein Auto dicker ist. Eher unangenehm wirken beide mittlerweile. Aber so ist das nun mal, zumindest mit den Autos: Erst kann es uns gar nicht dick genug sein. Ein paar Jahre später schaut man sich das dann noch einmal mit einer gewissen Distanz an und stellt fest, wie albern das ist. Dick ist einfach nur dick. Dick ist nicht schön.

Vermutlich waren wir tatsächlich mal großartig, als wir uns selbst erfanden vor vielen Jahren. Das ganze Zubehör, das wir uns im Laufe der Jahre zugelegt haben, haben wir auch nie in Frage gestellt. Wozu auch? Haus, Familie, Kinder, noch mehr Arbeit, noch mehr Geld, noch mehr von ungefähr allem, was bitte soll daran auszusetzen sein? Man kann tatsächlich sehr leicht dem Glauben verfallen, dass es der natürliche Lauf der Dinge ist, dass keineswegs alles fließt, sondern alles wächst. Das wichtigste Zeichen unserer Generation ist das „Plus", in jeder Hinsicht. Dummerweise auch da, wo es eigentlich gar nicht so gut passt.

Es geht den Autos und uns trotzdem ganz gut soweit. Aber man ahnt auch: Die besten Zeiten hat das Auto hinter sich, es wird sich neu erfinden müssen. Immer noch mehr PS, noch mehr Hubraum und noch mehr verbrannter Treibstoff, das wird nicht auf ewig funktionieren. Das sagen kluge Menschen übrigens schon sehr lange, aber so sind wir Menschen nun mal. Für unser eigenes Leben hätten wir uns das übrigens auch mühelos denken können. Aber man will ja nicht immer alles permanent in Frage stellen, wo man doch gerade so schön dabei ist, mit ungefähr allem so richtig durch die Decke zu gehen. So lange alles funktioniert, muss man nichts reparieren. Und Vorsorge, an die noch etwas weiter entfernte Zukunft denken? Och, nö.

Dass es besser gewesen wäre, sich erst gar kein Bäuchlein anzufuttern und auch bei ein paar anderen Sachen konsequenter auf sich zu schauen, hätten wir uns ja selbst denken können. Dass uns zu viele Dinge gleichzeitig mal an den Rand der Leistungsfähigkeit bringen, ist keine Erkenntnis, für die man studiert haben müsste. Aber hey, es ist gerade „rush hour" und krank und dick und doof werden eh immer nur die anderen.

Heute versuchen sich Autobauer hektisch darin, Elektroantriebe und andere Geschichten zu entwickeln, während wir unseren Bauch und unsere schlechte Kondition verfluchen und nach Wegen und Möglichkeiten suchen, die Folgen des jahrelangen Wachstums wieder zu beseitigen. Verfluchter Wohlstand, verflixte Trägheit! Hätte man nur. Ja, hätte ...

Dabei sind die Anfänge ja immer erst mal bescheiden und charmant. Sie sind charmant, weil alles noch am Anfang steht, so furchtbar unperfekt ist und man dennoch eine Ahnung davon bekommt, wie großartig alles sein wird, wenn es erst mal so richtig funktioniert.

Meine persönliche Autogeschichte begann klein, sehr klein. Alles fing an mit einem weißen NSU. Ein NSU Prinz. 40 PS, damals schon mit einigen Jahren auf dem Buckel. Das Ding röhrte und machte ordentlich Krach, von Dreipunkt-Gurten war noch keine Rede. Auch über die nicht vorhandene Zuverlässigkeit meines Prinzen mache ich an dieser Stelle lieber keine näheren Angaben. Selbst bei verklärender Erinnerung komme ich nicht an der Erkenntnis vorbei, dass er mehr stand als fuhr. Und dass man selbst in den Momenten, in denen er fuhr, nicht wirklich sicher sein konnte, ob er nicht bald wieder stehen würde. Ansonsten galt: Gas geben und durch – und am Berg nicht vergessen, in den zweiten Gang runterzuschalten. Der NSU war wie das ganze Leben: nicht teuer, nicht exklusiv, manchmal ein latentes Risiko, aber ein einziges Abenteuer und das Gefühl unendlicher Freiheit. Hätte mir damals jemand einen BMW im Tausch gegen meinen NSU angeboten, ich hätte ihn schallend ausgelacht. Vermutlich ist das der Grund, warum man sein Leben als 18- oder 20-Jähriger so toll findet: Man braucht nicht sehr viel mehr als sich selbst. Auf die Idee, dass man zum Glück schwere Autos, große Häuser und eine Menge Geld braucht, kommt man nicht, wenn man gerade entdeckt, dass es die große Freiheit auch in einem kleinen Gefährt mit ersten Roststellen gibt.

Ich kann Ihnen an dieser Stelle ein nostalgiegeschwängertes Geständnis nicht ersparen: Ich habe diese Kiste geliebt. So wie wir alle unser erstes Auto geliebt haben, vermutlich mehr als die erste Freundin, den ersten Freund. Die erste Freundin – da war schon damals absehbar, dass das nicht ewig halten würde. Wir sind vermutlich die erste Generation, die sich da wenig bis gar keine Illusionen machte. Was ist schon für die Ewigkeit, wenn man 18 ist? Da denkt man ja nicht mal unfallfrei bis zu seinem 19. Geburtstag. Und was man mal mit 25 machen würde, du liebe Zeit – darüber soll man sich jetzt Gedanken machen? Wer das in dem Alter gemacht hat, ist wahrscheinlich schon mit der Aktentasche in der Hand auf die Welt gekommen.

Dass mein Prinz mich nicht durchs Leben begleiten würde, habe ich damals zwar auch schon geahnt. Aber hätte ich es einrichten können, ich würde ihn heute noch haben, wenigstens als Zweitwagen für gelegentliche Ausflüge nicht über zehn Kilometer.

Aber wie das eben ist: Natürlich habe ich den Prinzen geliebt, aber die Liebe war dann doch nicht so groß, als dass ich nicht gerne einen größeren und vor allem funktionierenden Begleiter hätte haben wollen. Und so ging das über die Jahre: Dem Prinz folgte ein Fiesta, dem ein Golf, dem ein Golf Cabrio, dann der erste BMW. Beim BMW, in anderen Fällen auch gerne mal dem Porsche, beschleicht einen unweigerlich das Gefühl: Jetzt hast du es geschafft! Ich und mein Protzauto, wir stehen gemeinsam für den Weg nach oben, unaufhaltsam. Heute denke ich mir in manchen nostalgisch angehauchten Stunden, dass dies der Tag war, an dem ich meine Freiheit verkauft habe, als ich mich vom Prinzen verabschiedete.

Falls Sie an dieser Stelle lachen müssen: Das mit dem „Geschafft!" denkt man sich so mit Anfang, Mitte 30. Weil man ja dann doch noch ziemlich dumm ist in dem Alter und sich nicht wirklich vorstellen kann, dass erstens Autos nur ein Haufen Blech sind. Und dass man mit Anfang 30 gar nichts geschafft hat, weil noch etliche Jahre vor einem liegen.

Beispielsweise die zwischen 40 und 50.

Das sind die Jahre, in denen man eine Ahnung bekommt, dass es mit immer schneller, höher, weiter und vor allem größer nicht getan ist. Schon gar nicht, wenn man damit in irgendeinem Rennen um Prestige mithalten will. Oder wenn man glaubt, mit einem noch größeren Auto könne man noch glücklicher werden. Man findet immer irgendwann seinen Meister. BMW schlägt Opel, Porsche schlägt BMW, Ferrari schlägt Porsche. Die Yacht schlägt den Ferrari und der Privatjet schlägt die Yacht. Es ist also ein Rattenrennen, auf das wir sorgenbefreiten Wohlstandskinder uns da eingelassen haben. Ein ziemlich aussichtsloses zudem, es sei denn, man will irgendwann mal Bill Gates werden. Das will aber vermutlich niemand. Möglicherweise ist nicht mal Bill Gates gerne Bill Gates.

3

Online-Dating: Was sind wir immer noch toll!

Soweit erstmal zu der generellen Ausgangslage, in der wir uns in der Mitte unseres Lebens befinden. Man kann allerdings beim besten Willen nicht behaupten, dass es mit solchen eher grundsätzlichen Problemstellungen getan wäre. Wäre schön, wenn es nur um philosophische Erwägungen ginge. Geht es aber nicht.

Es ist ja alles nicht mehr so ganz einfach bei uns älteren Mitbürgern: Nach einer gescheiterten Ehe oder Langzeitbeziehung oder – noch schlimmer! – noch gar keiner tragfähigen Beziehung geht man ja nicht einfach mal eben in die nächste Disco und schaut, was so geht. Erstens kommt man in Discos nicht mehr so einfach rein, sondern eher in Tanzcafés. Zweitens heißen die Discos heute gar nicht mehr Disco, sondern Club. Und drittens stellt man in so einem Club dann schnell fest, dass man besser doch ins Tanzcafé gegangen wäre, schon alleine wegen der schiefen Blicke. Ausnahmen sind solche Clubs, in denen man als 40plus-x-Mann sofort von jungen Frauen belagert wird, die ab goldener Kreditkarte aufwärts auch über unsere altersbedingten Unpässlichkeiten hinwegsehen. Das sind die Clubs der Kategorie, in denen Lothar Matthäus ukrainische Unterwäschemodels kennenlernt. Aber das muss man ja erst mal wollen, so was. Davon abgesehen, dass man sich wahrscheinlich auch erst mal ziemlich dumm anstellen würde, wenn man so komplett aus der Übung ist.

Bei Frauen funktioniert das naturgemäß noch schlechter. Eine 40-Jährige mit einem männlichen 20-jährigen Unterhosen-Model wird man eher selten sehen, wenn man nicht gerade Madonna ist. Wenn man übrigens eine 40-Jährige mit einem deutlich jüngeren Mann sieht, kann man sich darauf verlassen, dass die Kommentare hinter vorgehaltener Hand eher unfreundlich sind.

Es wird also niemanden wundern, wenn wir Vierziger einem ganzen Wirtschaftszweig zu ungeahnter Blüte verholfen haben: Das, was früher so wunderbar „Eheanbahnungsinstitut" hieß, nennt sich jetzt „Online-Dating" und ist die einzige Veranstaltung der Welt, in der hemmungslos gelogen werden darf. Weil es alle tun. Die starken Raucher, die sich als „Gelegenheitsraucher" schönreden, die sind ja noch eher harmlos. Stattdessen sind sie dort durch die Bank alle sehr, sehr, sehr attraktiv, ungemein gebildet, zu allergrößten Teilen begeisterte Opernbesucher, literaturinteressiert, kinderlieb, nebenbei karitativ engagiert und natürlich musikalisch. Ihr Traumwochenende besteht aus einem Champagnerfrühstück, einem Segelausflug, einer Bergwanderung und einem anschließenden Drei-Gänge-

Abendessen, natürlich in der eigenen Designer-Küche gekocht. Man wundert sich zwar, wie all diese attraktiven, gebildeten, sportlichen und wohlhabenden Menschen noch oder schon wieder auf dem Markt sein können, blendet das Thema aber dann gerne aus.

Dabei wirft dieses Dating-Thema eine unfassbar große Menge an Fragen auf, die man sich seit dem 17. Lebensjahr nicht mehr gestellt hatte – und von denen man eigentlich glaubte, sich auch nie wieder mit ihnen beschäftigen zu müssen. Das fängt an bei so banalen Fragen wie der richtigen Anrede: Duzt man sich unter 40-Jährigen einfach mal so unbesehen? Und knutscht man jemanden nieder, mit dem man gerade noch per Sie war? Muss man erst das Du anbieten und dann knutschen oder umgekehrt?

Knutschen 40-Jährige überhaupt noch?

So ein Portal ist ohnehin eine heikle Sache, weil die aufgeplusterte Gockelei früher auf dem Pausenhof ein Dreck dagegen war: Als Mann muss man die Künftige mindestens auf Händen tragen, ein Auto wenigstens der gehobenen Mittelklasse wäre hilfreich, weil um einen rum lauter Prachtexemplare der Gattung Mann im Rennen sind. Man kennt zwar die Profile der anderen nicht, kann sich aber in etwa denken, was da erzählt wird, man selbst hat es ja auch nicht anders gemacht. Aber was hilft es, wir wissen ja, dass es ein bisschen pressiert, wenn das noch was werden soll in unserem Alter, Wissenschaft hin, Wissenschaft her.

Da ist ein kleines bisschen Tuning erlaubt, in anderen Lebensbereichen gestattet man sich ja auch die eine oder andere Notlüge. Und schließlich: Geben wir ein paar hundert Euro im Jahr dafür aus, dass wir den anderen Kretins, Mitstreitern und Hochstaplern aus purem Anstand den Vortritt lassen?

Na also.

In Deutschland haben Online-Datingportale in den letzten Jahren einen Umsatz von hunderten Millionen Euro gemacht. Schade, dass es keine Zahlen gibt (oder ich sie einfach nicht kenne) wie viele dieser Millionen auf uns Vierziger entfallen. Aber wenn man die meisten Eigenbeschreibungen so liest – spielt das eh keine Rolle, wir haben es ja.

4

Der zweite Anlauf: Freunde, Partner, Lebensgefährten

Zu den grundlegenden Erfahrungen in unserem Alter gehört also, dass die Ewigkeit manchmal ganz schön kurz ist. Sonst müssten wir ja nicht noch oder schon wieder daten in unserem fortgeschrittenen Alter. Dass es zunehmend öfter nicht der Tod ist, der Ehen scheidet, sondern der Alltag, das haben wir auch gelernt. Oder andere Frauen, andere Männer. Was also für immer geplant war, endet durchschnittlich nach einenhalb Jahrzehnten schon wieder. Und das nicht selten auf eine Art, dass man zunächst denkt: Nie wieder!

Das ist, wie man sich leicht denken kann, nur eine vorübergehende Phase. Zum Alleinsein ist der Mensch nicht geschaffen. Inzwischen haben die meisten von uns wieder eine Freundin bzw. einen Freund. Zumindest die, die den ersten Versuch einer lebenslangen Beziehung für gescheitert erklären mussten.

Über den Freund und die Freundin müsste man sich eigentlich freuen. Das war es doch schließlich, worauf wir alle hingearbeitet haben, seit wir 14 sind. Eine Freundin (ich bleibe der Einfachheit halber jetzt einfach mal bei der maskulinen Sichtweise) wollte man ja nicht einfach nur haben, man musste sie haben. Zumindest ab einem gewissen Alter. Man galt sonst als rückständig und uncool und musste sich spätestens mit 17 Gedanken machen, ob man überhaupt noch irgendwann mal eine abbekommt. „Meine Freundin" war also damals nicht einfach nur eine Personenbezeichnung, sondern ein Terminus für alles Mögliche, in erster Linie aber dafür, dass man „es" geschafft hatte und irgendwie dazugehört.

30 Jahre und eine Scheidung später geht das gleiche Spiel wieder von vorne los. Scheidungen stigmatisieren heute nicht mehr lebenslang, sonst wäre irgendwann mal jeder zweite Deutsche stigmatisiert. Aber es ist natürlich auch im hohen Alter kein wirkliches Vergnügen, sich erst scheiden zu lassen und dann womöglich noch längere Zeit als Single durch die Gegend zu laufen. Der Gedanke, man bekomme niemanden mehr ab, drängt sich vermutlich schneller nicht nur beim Betroffenen selber, sondern vor allem bei anderen auf. Das Schlimmste ist, wenn man selbst noch ganz guter Dinge ist, man aber gleichzeitig mitbekommt, wie die anderen langsam zu tuscheln beginnen: Meinst du, dass der echt noch mal …?

Vor allem, weil man ja weiß, dass es so selbstverständlich gar nicht ist, dass man nach einer gescheiterten Ehe oder Langzeitbeziehung noch mal jemanden abkriegt. In unserem Alter noch dazu! Man landet dann mehr oder weniger zwangsläufig in Läden mit so schönen Namen wie „Bienenkorb". Weniger zart-besaitete Seelen sprechen da eher von „Resteficken" als von Bienenkörben.

Die Verzweiflungstaten, zu denen geschiedene Men-schen unseres Alters in der Lage sind, kann man bei genauerem Hinschauen nur als erstaunlich bezeich-nen. Kreuzbrave Oberstudienrätinnen ziehen auf ein-mal mit 15 Jahre jüngeren, aus dem Urlaub mitge-brachten Latin Lovern um die Häuser, was noch die harmlosere Variante ist. In der weniger harmlosen Variante lassen sie sich vermöbeln und sind den-noch froh, nicht alleine zu sein. Männer lassen sich in solchen Situationen eher selten vermöbeln, außer von einer Domina, die dafür auch noch 200 Euro pro Stunde bekommt. Dafür lassen sie sich gerne von jün-geren Blondinen ausnehmen wie die Weihnachtsgänse oder einfach so zum Volldeppen machen. Ich bin mir nicht sicher, ob in solchen Fällen nicht die Domina die bessere Lösung ist, die bekommt im Regelfall wenigs-tens niemand mit. Gockelnde Männer mit blondierten jüngeren Freundinnen hingegen haben den fatalen Hang, ihren neuen Lebensstil öffentlich auszustellen, gerne auch in Kombination mit blonden Strähnchen und Autos, in denen Zuhälter glaubhaft aussehen, aber nicht Steuerberater.

Das ändert allerdings alles nichts an einem viel bana-leren Problem: Die Ehefrau war die Ehefrau. Da gab´s nicht viel zu definieren, das hat jeder verstanden, und das klang auch irgendwie erwachsen. Von der Freundin zur Frau, das ist eine Logik. Und seien wir ehrlich: eine, die nicht nur zwingend klang, sondern auch eine, die wir alle wollten. Aber jetzt, von der Frau zur Freundin? Klingt das nicht nach: Ich war erst erwachsen und jetzt bin ich wieder pubertär? Auch wenn das dem Gemütszustand des Zuhälterautos fahrenden *Head of irgendwas* vielleicht recht nahekommen mag, das kann man ja nicht wirklich wollen. „Meine Freundin" oder „mein Freund", das klingt aus dem Mund eines 40-Jährigen so, als würde er demnächst wieder Lollis lutschen und Kaugummi-Zigaretten rauchen. Und Pickel kriegen.

Aber was dann? Partner? Das klingt wie eine Rechtsanwaltskanzlei. Und man kann das bei öffentlichen Anlässen so furchtbar schlecht sagen: „Darf ich Ihnen meinen Partner vorstellen?"

Man erweckt zwangsläufig den Verdacht, es handle sich dabei um eine Zweckgemeinschaft übrig gebliebener Mittvierziger. Das will man nicht nach außen tragen, selbst wenn es so sein sollte. Lebensgefährte? Bei Gefährten muss ich an Indianer oder an den *Herrn der Ringe* denken – und ich bin doch kein Hobbit oder ein Blutsbruder, mit dem man Fährten liest. Außerdem hat das auch so was Kumpelhaftes. Und wenn man morgens im Bett neben einer Frau aufwacht, dann denkt man alles Mögliche, aber nicht an Gefährten oder Kumpel oder Zweckgemeinschaften. Noch schlimmer ist das, wenn man abends gemeinsam ins Bett geht. Glauben Sie mir, wenn man abends mit einer Frau ins Bett geht und dabei gefährtenhafte Gedanken hegt, dann sollte man die ganze Beziehung überdenken.

Lebensabschnittsgefährte, das ist wenigstens lustig. Aber gleichzeitig so furchtbar pragmatisch. Da ist das Ende der Beziehung gleich eingepreist. Das ist nur realistisch, werden die Pragmatiker unter Ihnen sagen. Und ja, wenn man sich die Zahlen so zu Gemüte führt, dann ist es realistisch, dass die meisten dieser Partnerschaften und Gefährtenkonglomerate auf Zeit geführt werden. Falls jemand jemanden in unserem Alter kennt, der tatsächlich sein ganzes bisheriges Leben mit nur einem einzigen Menschen verbracht hat, passen Sie gut auf ihn auf, er gehört zu einer seltenen und aussterbenden Art.

Ach, und bevor ich es vergesse: Nennen Sie Ihren Neuen/Ihre Neue nie „Nachfolger". Das degradiert ihn bzw. sie endgültig zu einer Art Ersatzteil.

Vermutlich stehen diese Schwierigkeiten bei der richtigen Namensgebung aber auch sinnbildlich dafür, wie komplex und schwierig es ist, nach einer gescheiterten Langzeitbeziehung wieder ein Verhältnis zu dem zu finden, was danach kommt. Man hat's ja schließlich schon einmal hinter sich und wird dann entsprechend vorsichtig, auch wenn der Trend in Deutschland mittlerweile eindeutig zur Zweitehe geht. Immerhin entschließt sich statistisch mittlerweile jeder zweite

Geschiedene zu einem zweiten Ehe-Anlauf. Da ist es dann einfach: Meine Frau, mein Mann, alles wieder zurück auf Los. Und schon gibt's auch nicht mehr das unsägliche Gesuche nach einer irgendwie passenden Bezeichnung.

Unlängst habe ich übrigens meine Gefährtin-Partnerin-Freundin als meine Frau ausgegeben. Ein unfassbar erleichterndes Gefühl. Alleine das müsste schon ein Grund für eine Zweitheirat sein.

5

Sex: Warten, bis der Therapeut kommt

Man kann natürlich nicht über Themen der Zwei-
samkeit reden und dabei das Thema Sex aussparen.
Sex ist eine wunderbare Sache. Man macht es aus
Lust, Liebe, Laune. Man macht es mal ausdauernd,
dann wieder eher schnell, meistens im Bett und
manchmal auch wieder ganz woanders.

Und man bekommt, netter Nebeneffekt, Aufmerksamkeit. Beispielsweise von Buchlesern. Sie dürfen
ruhig zugeben, dass Ihre Aufmerksamkeit bei der
Kapitelüberschrift leicht angestiegen ist, ob Sie das jetzt
wollten oder nicht. Das war ja die Absicht dabei. Und
freuen Sie sich: So lange Sie auf den Schlüsselreiz „Sex"
anspringen, ist mit Ihnen noch alles halbwegs ok.
Schlimm wird es erst, wenn Sie nicht mal mehr darauf
reagieren.

Aber reden wir nicht über irgendwelche Reaktionen,
die jetzt gerade eben in versteckten Hirnwindungen
vor sich gegangen sind und an denen jetzt ohnehin
nichts mehr zu ändern ist. Reden wir stattdessen tatsächlich noch mal über die eingangs erwähnte „wun-

derbare Sache". Das ist, nun ja, nicht einfach nur die Theorie, das ist in jüngeren Jahren schlichtweg die Realität. Oder besser: sollte sie zumindest sein. Falls Sie sich in obiger Beschreibung nicht ganz wiederfinden, haben Sie etwas falsch gemacht oder versäumt. Schlimmstenfalls sogar beides. Falls Sie sich in dieser Beschreibung nicht wiederfinden und Sie sind unter 30, konsultieren Sie bitte einen Arzt. Und fangen Sie endlich an zu leben, verdammt noch mal.

Wenn Sie über 40 sind (und als Leser dieses Buches ist es sehr wahrscheinlich, dass Sie das sind), wissen Sie: Das mit dem immer und überall, das mit der Lust und der Laune und der Liebe hat sich erledigt. Oder wenigstens erheblich relativiert. Das ganze Leben ist ziemlich getaktet und an Zwängen und Anforderungen orientiert, warum sollte das beim Thema Sex anders sein?

Es gibt Ratgeber und Paartherapeuten, die empfehlen ihrer Klientel, sich regelmäßig zu Sex-Dates im eigenen Schlafzimmer zu verabreden. Also, tatsächlich so: „Samstag Nachmittag, 15–17 Uhr. Und lass das Handy draußen." Ich weiß nicht, ob man solche Termine im digitalen Zeitalter über eine Terminanfrage bei Outlook ausmacht und sich gegenseitig entsprechend bestätigt. Aber ich weiß, gesichert von Menschen, dass sie das so machen. Also, das mit den Dates. Bei der Sache mit Outlook habe ich mich nicht getraut nachzufragen.

Das ist natürlich aus paartherapeutischer Sicht ausgesprochen gut und vernünftig, man kommt ja sonst zu nichts. Wenn man schon sein ganzes Leben taktet, warum soll man Sex nicht auch takten? Zumal heutzutage ja selbst kleine Verkaufsleiter in irgendeiner kleinen IT-Klitsche nicht mehr Verkaufsleiter, sondern *Director Sales* heißen. Vertreter gibt es übrigens auch nicht mehr, die heißen mittlerweile *Key Account Manager*, aber das nur nebenbei. Der Sales Director und der Key Account Manager sind allerdings inzwischen so durchgetaktet und ständig erreichbar, dass eine strikte Planung auch das Schlafzimmer erreicht hat. 40-Jährige neigen übrigens dazu, in diesem Alter und an einer gewissen Position, sich dann auch mal mit der eigenen Team-Assistentin oder anderem jüngerem Weibsvolk zu verlustieren. Auch in solchen Fällen ist ein Terminkalender (oder „TK", wie er von Key Account Managern gerne genannt wird) ungeheuer sinnvoll. Zumal er sich auch auf dem Smartphone synchronisieren lässt. Junge Team-Assistentinnen beeindruckt man nicht mehr mit einer Papier-Kladde, das mal nur als erster Tipp für die krisengeplagten Leidensgenossen.

Das ist ziemlich lustig. Einerseits. Auf der anderen Seite ist es natürlich ganz und gar nicht lustig, wenn man sein Liebesleben nach den Ratschlägen von Therapeuten gestaltet und nach einem Terminkalender zudem. Und man steckt, verflixte Axt, auch bei diesem Thema schon wieder mittendrin in der Nostalgiefalle: War es nicht ungleich viel schöner, entspannter, auf und anregender früher, noch dazu in unseren Zeiten, wo die permanente Mitnahme und Anwesenheit eines Kondoms bestenfalls was für übervorsichtige und ver-

43

huschte Töchter aus mittelgutem Hause gewesen wäre, beispielsweise einem Grundschullehrer-Elternhaus? Ein Kondom dabeihaben? Sex nach Zeitplan? Das Kondom ordentlich organisiert griffbereit auf das Nachtkästchen legen, damit es dann im Fall der Fälle umgehend griffbereit ist? Wenn uns das jemand vor, sagen wir, 25 Jahren prophezeit hätte, wir hätten ihn schallend ausgelacht oder zum natural born Spießer erklärt. Ganz davon abgesehen muss man diese Dinger auch erst mal mögen, aber das nur nebenbei.

Was natürlich, ich erwähnte es, nach sich zieht, dass man wieder mitten reingetapst ist in diese Nostalgie-Falle. Natürlich gab es ziemlich wüste und schon alleine deshalb erinnernswerte Sachen, Erlebnisse, Abenteuer. Am See, am Strand, im Auto, zu zweit, zu dritt. Aber es gab eben auch all jene Dinge, die man heute lächelnd unter „Man hat ja noch gelernt" abtun kann, die aber damals zu genau jenem Zeitpunkt, als sie passiert sind, einfach nur absurd peinlich waren. Man hätte sich am liebsten in einem Loch vergraben und wäre erst Lichtjahre später wieder hervorgekrochen.

Und ja, auch das kann man zugestehen, wenn man ehrlich zu sich selbst ist: Es ist nicht restlos unangenehm, wenn man die Welt und das andere Geschlecht nicht mehr nur durch die Augen und alle anderen Organe eines hormongesteuerten 20-Jährigen wahrnimmt. Man lernt, dass man mit Frauen manchmal auch ganz prima reden kann. Und dass es eine etwas arg eingeschränkte Sicht der Dinge ist, wenn man nach ein paar Minuten dann doch unweigerlich bei einem Gedankengang landet, der sich im Wesentlichen darum dreht, wie man das Gegenüber möglicherweise flachlegen könnte. Will man es also positiv sehen, dann könnte man sagen, der langsam absinkende Hormonspiegel dieser Jahre gibt uns einen Teil unserer Freiheit wieder.

Vor kurzem habe ich übrigens einem unkastrierten Hund eine Zeit lang zugesehen. In der Nachbarschaft war eine Hündin läufig und der Hund demnach komplett gestört und völlig außer Rand und Band. Sagen wir es, wie es ist, ohne Rücksicht auf etwaige Empfindlichkeiten: Er war schlichtweg notgeil. Die Hündin wiederum war hässlich und zudem auch ein bisschen neurotisch, aber ich muss Ihnen nicht lange erklären, was das dem Hund ausgemacht hat: nichts. Als er dann nicht zum Zuge gekommen ist, hat er sich mit den Vorderpfoten am heimischen Balkongeländer aufgerichtet und den nicht vorhandenen Mond angeheult.

Das war der Moment, in dem ich meinem Alter dann doch etwas abgewinnen konnte. Früher hätte ich mich vermutlich daneben gestellt und mitgejault. Heute jaulen wir nicht mehr und lassen auch viel von dem anderen Schmarrn bleiben. Das ändert übrigens nichts daran, dass ich beim Anblick von kastrierten Hunden Phantomschmerzen bekomme. Dann soll er lieber jaulen.

Trotzdem: Das Leben in diesem Alter ist tatsächlich gemein. Weil so ausweglos schwierig. Es ist ja nicht mehr so wie in den Jugendjahren, wo man sich schon während des Anbaggerungsprozesses diebisch und selbstredend heimlich auf die ersten Experimente in Sachen Sex mit dem neuen Objekt der Begierde freute.

Das Leben ist mit zunehmenden Erfahrungen und gewachsenen Einsichten durchaus komplexer geworden. Das muss generell nichts Schlechtes sein, schon alleine deswegen, weil man, siehe oben, inzwischen bestimmte Sachen nicht mehr tut, bei denen man früher nicht mal mit der Wimper gezuckt hätte. Andererseits ist es bei dieser Sache mit dem Sex naturgemäß so, dass ein gewisses Maß an Denkbefreitheit eher nützlich denn schädlich ist. Man kann tatsächlich zu viel denken, obwohl Denken im Schlafzimmer wirklich nicht allzu viel verloren haben sollte.

Dennoch steht man, wenn man nicht vollends zum unsensiblen und selbstverliebten Neurotiker verkommen ist, heute vor bangen Fragen: Was genau war dieser Sex noch mal, von dem man immer so viel hört? Kann man das überhaupt noch, konnte man es jemals? Wie ästhetisch ist Sex zwischen 40-Jährigen und ist er überhaupt noch nötig?

Und tatsächlich gibt es dann (verbürgt!) zwischen 40-Jährigen auch solche Gespräche:

46

Sie: „Können Männer (gemeint ist eher: Kannst du) über 40 eigentlich noch mehrmals in der Nacht?"

Er: „Woher soll ich das wissen?"

Sie: „Du bist über 40."

Er: „Hab ich seitdem nicht mehr ausprobiert."

Das ist wie Rückwärtsbewegung, wie eine Mutation zurück in Jugendtage: Kannst du, willst du, darfst du, das sind an sich eher die Redewendungen und die Fragen, die man sich stellt, wenn man 16 ist? Mit 40 kann man das, wenn man will, aber auch wieder ganz gut hinkriegen: verunsichert und tapsig wie ein 16-Jähriger sein. Schon alleine deswegen, weil erstens jedwede Literatur zum Thema und zweitens ungefähr alle männlichen wie weiblichen Freunde im Umfeld behaupten, Sex sei erst ab 40 so richtig gut. Frauen sagen dann von sich, sie seien erst jetzt so richtig entspannt bei der Sache. Und Männer sagen, sie seien mit den Jahren zu grandiosen, ausgereiften Liebhabern geworden. Letzteres sollte man allerdings mit einer gewissen Vorsicht genießen, das sagen Männer in jedem Alter von sich. Selbst 15-Jährige erzählen spätestens nach dem zweiten Mal ihren anderen pickelgesichtigen Freunden, wie sehr sie es ihrer Freundin beim letzten Mal besorgt haben. Nicht erschrecken, liebe Leserinnen: Jungs sind so, später legt sich das manchmal ein bisschen. Aber wenn Sie 40 sind, dann wissen Sie das vermutlich eh.

Auf der anderen Seite: Man hat sich wahlweise auf dem freien Markt oder in einem Online-Portal (siehe dazu das entsprechende Kapitel) enorm aufgebrezelt und irgendwie fand man die letzten Jahre ein wenig enervierend, in all ihrer Routine und Eingeschlafenheit. Jetzt also ... Sex! Wenn man mit 40 plötzlich wieder Single ist, spielt das Thema Sex eine erheblich größere Rolle als vorher. Wenn man 15 Jahre verheiratet ist und es allmählich beginnt zu langweilen, dann erst recht. Außerdem greift auch hier wieder das Grundproblem unseres Alters: Natürlich wissen wir theoretisch, dass Sex bis ins hohe Alter „erfüllend" sein kann, wie es Wissenschaftler immer so schön blumig formulieren. Aber was wissen wir schon, wie viel Zeit uns noch bleibt? Und ob man mit Gicht und Rheuma und dem ganzen anderen Zeug im Nacken abends noch mit dem Gedanken ins Bett geht, man könnte sich jetzt noch ein paar anregende Stunden miteinander machen, kann man sich momentan auch nicht so ganz vorstellen. Wahrscheinlich ist das sogar so, aber aktuell würden wir uns mal lieber nicht darauf verlassen wollen.

Allerdings: Zum Thema Sex haben wir gemessen an dem, was unsere Kinder alles kennen und sehen und vermutlich wohl auch machen, ein nahezu zölibatäres Verhältnis. Man muss dazu wissen, dass wir aus einer Zeit kommen, in der beispielsweise der „Bayerische Rundfunk" in seinen „Schlagern der Woche" sich schon mal weigerte, einen Nummer-1-Hit zu spielen, weil dort irgendwas halbwegs Anstößiges vorkommen könnte. Wenn im Fernsehen ein blanker Busen zu sehen war, galt das schon als sehr gewagt – und richtige Sexszenen (also solche, bei denen unsere Kinder heute gähnend weiterschalten würden) waren im TV-Programm höchstens im Nachtprogramm zu sehen und dort auch nur in Filmen, in denen so was irgendwie als künstlerisch wertvoll verquast werden konnte. Hugo Egon Balder und „Tutti Frutti", kennt das noch jemand? Das ist heute so harmlos, dass nicht mal achtjährige Jungs noch interessiert hinschauen würden. Damals war es ein Aufreger, fast schon ein Skandal. Dabei würde ich heute viel lieber wissen, was es mit diesen Länderpunkten auf sich hatte, das haben sie bei RTL vermutlich selbst nie verstanden. Aber das nur nebenbei.

Hätte uns damals jemand gesagt, dass es mal so was wie „YouPorn" geben würde, wir wären lachend rausgerannt und hätten den Propheten wegen erwiesener Scharlatanerie rausgeworfen. Man darf sich also aus der Sicht eines heute, sagen wir, 20-Jährigen, nicht wundern, wenn wir ein bisschen klemmig und verstockt daherkommen und beim Sex im Schlafzimmer das Licht ausmachen. Zu unserer Zeit (eine Floskel übrigens, die man frühestens ab 40 gebrauchen darf) wurde nicht an jeder Straßenecke wildes Rumgevögel gezeigt, so einfach war das.

Ich würde Ihnen gerne an dieser Stelle schildern, wie unsere Lehrerin in der 4. Klasse versuchte, uns den Vorgang der Penetration nahezubringen. Das kann man leider nicht mit Worten beschreiben, man muss es gesehen haben. Nur so im Groben: Ein Mädchen mit Zöpfen musste versuchen, den Zopf (das ist jetzt kein Witz) bei der Lehrerin ins Ohr zu stecken. Das scheiterte naturgemäß, weswegen der Zopf durch die Lehrerin dann etwas Erektionsähnliches verpasst bekam. Auf dem Schulhof versuchten wir dann später, uns die Haare ins Ohr zu stecken. Und wir fragten uns, was genau daran so toll sein soll.

Und da soll man sich noch über unseren eher unspektakulären Umgang mit dem Thema Sex wundern? Ich freue mich ja schon, dass ich dieses Wort inzwischen in einem Text unbefangen zwei Dutzend Mal unterbringen kann, ohne dabei an die Lehrerin zu denken, deren Ohr mit einem Zopf penetriert wurde.

Auf der anderen Seite muss man ja auch eindeutig sehen, dass wir in unserem Alter nicht mehr das sind, was Menschen zwischen 40 und 50 früher in diesem Abschnitt darstellten. Meine Oma beispielsweise, ich hab's nachgerechnet, war zum Zeitpunkt meiner Geburt so alt wie ich heute (nämlich 48). Meine Oma war eine Oma, die man nicht beschreiben muss, weil der Begriff *Oma* als Zustandsbeschreibung völlig ausreichte. Meine Oma ist schon als Oma auf die Welt gekommen, glaube ich. Jedenfalls entsprach sie allen nur denkbaren Oma-Klischees: Kittelschürze, eine irgendwie betonierte Frisur, rundlich im Umfang und omahaft im Wesen. Soll heißen: Immer um alle besorgt, immer für alle da. Und natürlich war meine Oma die beste Köchin der Welt, so wie alle Omas die besten Köchinnen der Welt sind. Mein Opa war zu dem Zeitpunkt schon etwas älter, ein bisschen was über 50. Aber eben auch: Opa. Mit weißen Haaren und Brille und dem Habitus eines alten Mannes. Niemand hätte meinen Opa mit einem Marathonlauf in Verbindung gebracht, wir machten uns ja schon Sorgen, wenn er auf ein Fahrrad stieg. Oder Opa in Jeans, Elvis und Beatles hörend? Undenkbar.

Kurz gesagt: Menschen zwischen 40 und 50 waren früher alt und mussten sich das auch nicht mit albernen Begriffen wie „best ager" schönreden. Mit alten Menschen in Kittelschürze und weißen Haaren assoziiert man allerdings eher selten Themen, die mit Sex zu tun haben. Zugegeben, das ist immer eine Frage der Perspektive: Mit 20 dachte man, wie komisch es sein müsste, mit 30 noch Sex zu haben. Mit 30 fand man sich gerade auf dem Höhepunkt der persönlichen Reife wieder und vermutete, man müsse sich noch ein paar schöne Jahre machen, weil mit 40 eh alles vorbei sei. Mit 40 wiederum beantwortet man merkwürdige Fragen danach, ob man überhaupt noch richtig kann, stellt dann aber zufrieden fest, dass wenigstens einmal pro Nacht noch geht. Das ist dann wohl mit 50 vorbei, denkt man sich danach. Nur um dann, je näher die 50 kommen, das Ende der eigenen sexuell aktiven Zeit auf die 60 zu legen. Ein paar schöne Jahre will man ja noch haben.

Wissenschaftler betonen übrigens in letzter Zeit immer öfter, Sex könne auch im hohen Alter erfüllend und schön sein. Also dann, wenn auch aus uns ewig Junggebliebenen, die wir uns ständig für die letzten echten Rock'n'Roller halten, echte Omas und Opas geworden sind.

Aber daran wollen wir momentan mal lieber nicht denken. Wir wollen jetzt, wo wir noch gefühlt mitteljung sind, nicht immer einfach nur „schönen" und „erfüllenden" Sex. Wir wollen den manchmal auch ganz anders.

„Erfüllend", das klingt so, als würde man einem alten Opa sanft die Wange und die Glatze tätscheln und ihm dann versichern, so ein Rollstuhl sei gar nicht schlimm, man könne damit doch auch ganz hübsche und „erfüllende" Ausflüge machen. „Erfüllender Sex", das ist das erotische Adäquat zum Seniorenteller. Wenn wir also noch ein bisschen was vom Leben im Bett und außerhalb haben wollen, machen wir uns den Spaß.

Erfüllend geht dann später auch noch.

6

Playboy: Warum er niemals „Sugardaddy" heißen darf

Aber wenn wir schon beim Thema Sex und Dating sind und bei all den Dingen, an denen wir festmachen, älter geworden zu sein: Vermutlich gibt es keine Publikation, die unseren Alterungsprozess so schön illustriert wie der „Playboy". Der „Playboy" war das (auch die Damen dürfen mitlesen, weil jetzt eines der letzten Jungsgeheimnisse gelüftet wird), was wir Jungs, die wir damals noch Jungs waren, gerne gehabt hätten, allerdings nur selten bekommen haben. Die Gründe dafür waren immer die gleichen: Erstens war das gute Stück schon damals ziemlich teuer, zu teuer jedenfalls für irgendwelche Taschengeld oder Bafög oder Lehrlings-Geldbeutel. Zum anderen, auch wenn man sich das in einem Zeitalter der unbegrenzt zugänglichen Pornografie kaum mehr vorstellen kann: Einen „Playboy" zu kaufen, das hatte etwas Verruchtes, irgendwas Schweinigeliges an sich. Musste man sich jedenfalls erstmal trauen, so als 16- oder 18-Jähriger, ganz cool an den Kiosk marschieren und nach einem „Playboy" zu verlangen. Man hatte irgendwie das Gefühl, bei etwas erwischt zu werden.

Und nur aus diesem Grund sind die schönsten Mythen entstanden, die es jemals um ein Presse-Erzeugnis gab. Die Interviews beispielsweise, wegen derer man den „Playboy" lese. Die anspruchsvollen Reportagen. Und der ganze andere Kram, der journalistisch so großartig war, dass man den „Playboy" eindeutig dem „Spiegel" vorziehen musste. Aus heutiger Sicht weiß man, dass es tatsächlich sehr viel schlechteren Journalismus als im „Playboy" gab. Aber wir wissen natürlich auch alle, nach was wir als erstes schauten, wenn Katharina Witt nackt im Playboy war.

Vermutlich stammen wir aus einer Zeit, in der der Begriff „nackt" alleine schon ein Schlüsselreiz war. Nackt, huh, das war schmuddelig und irgendwie geheim und etwas ganz Besonderes. Heute betiteln Blätter wie der „Stern" jede zweite Geschichte mit einer nackten Frau. Selbst dann, wenn es um Kopf- schmerzen geht. Nackte Frauen und eingeschränkt auch Männer sind so fester Bestandteil des Lebens geworden, dass sie nicht mal mehr weiter auffallen. Deswegen müssen ja auch Versender von Spam-Mails irgendwas mit „Porno" in den Betreff schreiben, „nackt" funktioniert nicht mehr wirklich gut. „Porno- video von Katharina Witt" wäre das heutige Adäquat zu „Katharina Witt nackt". Die Weisheit „Sex sells" galt also damals wie heute. Nur, dass das „damals" so brav und harmlos war wie wir selbst. Und das „heute" laut und schrill und grell daherkommt und uns zunehmend irritiert. Geht das nicht alles auch etwas kleiner und leiser?

Trotzdem spielen der „Playboy" und seine Welt immer noch eine Rolle in unserem Leben. Eine andere als damals, gewiss. Heute schafft er die einzige große Illusion, der 40-Jährige gerne nachhängen. Illusionen von schönen Frauen, schnellen Autos und ganz viel stilvollem Luxus. Einschließlich der Gefahr, dass Männern um die 40 beim Betrachten dieser Illusion ganz schnell klar wird, dass es sich eben doch nur um eine Illusion handelt: Schaut man sich die Playmates dieser Tage an, kommt man schnell dahinter, dass diese Playmates auch unsere Töchter sein könnten.

Man erschrickt dann und klappt das Heft schnell wieder zu.

Fairerweise muss man gestehen: Das ist wieder mal so ein echtes Männerproblem. Frauen sind da viel pragmatischer, vielleicht auch weniger anfällig für Illusionen aller Art. Frauen lesen „Brigitte" und „Freundin" und da sind eher selten nackte Männer zu sehen. (Was man auch verstehen kann, nackte 40-Jährige will man vielleicht auch nicht unbedingt serviert bekommen.) Frauen haben auch kein Problem damit, eine nicht mal besonders verklausulierte Senioren-Version ihrer früheren Lieblingszeitschrift zu lesen. Von der „Brigitte" beispielsweise gibt es so eine Reifere Damen-Version – und die „Freundin" nennt sich dann halt einfach „Donna". Kann sich jemand vorstellen, es gäbe einen „Playboy senior"? Einen „Playboy Gold"? Oder der Playboy würde sich in seiner Seniorenversion in „Sugardaddy" umbenennen?

Geht nicht. Und wenn es doch ginge, wären wir zutiefst verletzt, beleidigt und würden die Auflage solcher Schundmagazine mal eben in den Keller schicken. Und deswegen blättern wir weiter im „Playboy", während unsere Frauen schon lange auf „Donna" umgestiegen sind. Daraus kann man schließen, dass Männer um die 40 immer noch gewaltige Kindsköpfe sind. Muss man aber nicht.

7

Wir sind wieder wer. Aber wer?
Und wenn ja, wie viele?

Wir sind also, wie wir bis hierhin gelernt haben, ein bisschen älter geworden und haben unsere ersten Beschädigungen erhalten, die einen mehr, die anderen weniger. Trotzdem darf man festhalten: Inzwischen sind wir da, wo wir glaubten hinzugehören. Irgendwo oben. Wo auch immer man „oben" definieren mag und abhängig davon, wie weit nach oben wir wollten. Dort sind wir nicht alleine wegen der gefallenen Altersbeschränkungen. Nicht nur, weil wir theoretisch Bundespräsident und Bundeskanzler und Papst werden könnten.

Unsere Generation ist inzwischen die der potenziellen Bundespräsidenten und der Kanzler, nur mit den Päpsten ist es schwierig, da wird ja mittlerweile ein 76-Jähriger schon als jugendlicher Reformator angesehen. Nichts gegen Papst Franziskus, gemessen an seinen Vorgängern ist er ein echter Rock'n'Roller. Aber bis wir in diesen Alterskategorien landen, haben wir ja noch ein wenig Zeit. Tröstlich ist das zudem: Wir haben alle Grenzen passiert, in denen uns unser Alter noch den Zugang zu irgendwas verwehren könnte. Gemessen an den Maßstäben der katholischen Kirche sind wir noch Jungspunde. Dafür ein herzliches Danke nach Rom!

Trotzdem: Das Leben bis 40 ist geprägt von der Idee, irgendwas daraus zu machen. Und man lebt in dem sicheren Gefühl, noch jede Menge Zeit zu haben. Schließlich gibt es ja tatsächlich viele gesetzliche Altersbeschränkungen und man ahnt, dass man bestimmte Sachen erst ab einem gewissen Alter machen kann. Wenn man mit 40 noch nicht Bundespräsident ist, kann man es darauf schieben, dass man noch gar nicht in dem Alter ist, in dem Bundespräsidenten sind. Das ist beruhigend, selbst wenn man gar nicht Bundespräsident werden will. Irgendwas muss man ja noch auf das jugendliche Alter schieben können, nachdem zumindest uns Jungs beispielsweise schon mit 25 dämmerte, dass es wohl nichts mehr werden wird mit der Karriere als Bundesligafußballer. Da bekamen wir zum ersten Mal eine Idee davon, dass etwas nichts werden würde, als wir mit 30 in Zeitungen von 20-jährigen Nationalspielern lasen.

In Österreich gibt es zwar mittlerweile einen 27-jährigen Außenminister. Aber das ist erstens eine Ausnahme und zweitens Österreich. In Deutschland war es mal eine gewisse Claudia Nolte, die in einem ähnlich jugendlichen Alter Familienministerin wurde, aber nachdem die gute Dame wieder vollständig in der Versenkung verschwunden ist, weiß man: Manche Dinge brauchen Zeit. Wer zu früh kommt, den bestraft eben auch manchmal das Leben. Wenn man sich vor Augen führt, welchen Unfug man früher gemacht hat, dann ist man im Nachhinein ganz froh, dass man uns von bestimmten verantwortungsvollen Tätigkeiten ferngehalten hat.

Inzwischen ist die Lage eine andere. Immer öfter lesen wir von irgendwelchen sehr wichtigen Menschen und stellen dann erschrocken fest, dass sie genau in unserem Alter sind. Wenn nicht sogar jünger. Unter dem Strich lässt sich sogar festhalten: Wir sind wieder wer. Aber wer? Nicht mehr die junge Generation, die einstmals mit vielen Hoffnungen und Erwartungen gestartet war. Auch nicht mehr die Generation der Hoffnungsträger, bei der man ahnt, dass sie ein gewisses Potenzial haben könnte. Der Satz „Aus dem wird mal was" ist den 30-Jährigen vorbehalten. In unserem Alter beginnt man zu ahnen: Wer jetzt noch nichts ist, wird auch nicht mehr viel. Schließlich gilt man beispielsweise auf dem Arbeitsmarkt ab Mitte 40 definitiv als schwer vermittelbar. Ich erinnere mich, als ich mal irgendwo auf einem Journalistenkongress eine Rede halten sollte (das nennt man heutzutage übrigens nicht mehr Rede, sondern „Keynote"):

Angekündigt wurde ich als „erfahrener Journalist". Der gesamte Ankündigungstext klang ein bisschen so, als würde Opa vom Krieg erzählen.

Da war ich 41.

Inzwischen ahne ich auch, dass es langsam schwierig werden könnte, in meinem Beruf noch mithalten zu können. Ich habe noch auf der Schreibmaschine gelernt, die heutigen 20-Jährigen gehen so salopp mit digitaler Technologie um, dass mir manchmal angst und bange wird. Ich muss mir den ganzen Mist schließlich mühevoll selbst beibringen. In solchen Momenten hilft es zu wissen, dass wir die Generation sind, die gerade an den Hebeln zu allem Möglichen sitzt. In meiner Branche beispielsweise stellen wir inzwischen einen beträchtlichen Teil von Chefredakteuren, Geschäftsführern und anderen wichtigen Menschen. Die Buchcharts werden von Menschen in unserem Alter beherrscht. Die Musikcharts dominieren wir vielleicht nicht mehr als aktive Teilnehmer, wohl aber indirekt: Wir stellen jetzt einfach das Management und die zahlungswillige Käuferschicht.

So geht das quer durch alle Branchen und alle Schichten der Gesellschaft. Wir sind wer. Im Zweifelsfall die, die entscheiden.

Vor zwei Jahren ist der Direktor meines alten Gymnasiums in Ruhestand gegangen. Sein Nachfolger ist ein Ehemaliger der Schule – er war zwei oder drei Klassen unter mir. Als ich die Fotos von seiner Amtseinführung gesehen habe, hat es mir gedämmert: Ich habe ihn noch vor Augen, als er mit Schulranzen auf dem

Rücken durch die alte Penne lief und irgendwie streberhaft daherkam. Er war jedenfalls ziemlich uncool, es wäre für jeden von uns Oberstufenschülern eine ernsthafte Schande gewesen, sich mit diesem Milchgesicht blicken zu lassen. Milchgesicht ist jetzt Oberstudiendirektor, Schulleiter eines ziemlich traditionsreichen Gymnasiums und, wenn man so will, an den Strippen der Macht.

Daran muss man sich erst einmal gewöhnen. Wir sind also jetzt diejenigen, die nicht mehr regiert werden, sondern inzwischen selbst die Fäden in der Hand haben. Was insofern etwas blöd ist, weil wir uns für einen schlechten Lauf der Dinge künftig selbst kritisieren müssten. Außerdem konnten wir uns das immer so schwer vorstellen: Klar wollte man ja immer mal was werden, aber zwischen „Man will was werden" und „Man ist etwas" sind ein paar kleine, feine Unterschiede. Beispielsweise, dass man jetzt seine Entscheidungen selbst treffen muss und dafür von den anderen kritisiert wird. Dass man alles das, wofür man die Vorgängergeneration kritisiert hat, inzwischen selbst macht. Und dass es jetzt die anderen, die jüngeren sind, die darauf lauern, es demnächst selber und vor allem besser machen zu wollen.

„Der weiß doch gar nicht, was hier wirklich passiert." Solche und viele andere Sätze habe ich früher mit großer Selbstverständlichkeit über meine diversen Chefs gesagt. Irgendwann wurde ich dann selbst mal Chef – und es war eines meiner merkwürdigsten Erlebnisse, als mir zugetragen wurde, dass meine lieben Mitarbeiter all die Dinge über mich sagten, die ich früher über Chefs gesagt hatte. Das war das erste Mal, als ich begriffen habe, dass sich viele Dinge nie ändern. Nur unsere Rollen wechseln. Wenn wir zum ersten Mal Eltern werden, wechseln wir ebenso die Rolle und die Position wie beim Aufstieg in eine Vorgesetztenposition. Zeit, sich langsam auch an einen anderen Gedanken zu gewöhnen: Diejenigen unter uns, die sich allmählich auf die 50 zu bewegen, geraten allmählich in die Rolle derer, die man unter Umständen ganz gerne abschieben möchte. Für 30-Jährige sind wir keine Chefs oder Respektspersonen mehr, sondern im Zweifelsfalle diejenigen, die die guten Jobs unnötig blockieren und ansonsten nichts anderes machen, als jeglichen Fortschritt zu verhindern. So weit ist es also mit uns gekommen: Vom Rebellen zum Verhinderer in gerade mal 15 Jahren.

Man ahnt dann allmählich auch, dass es ein ziemlich kleines Zeitfenster ist, in dem man unbeschwert ganz oben seine Strippen ziehen kann. Wenn man 40 ist, befindet man sich gerade im besten Alter dafür. Geht man auf die 50 zu, ahnt man, wie getuschelt wird, ob es nicht an der Zeit sei, dass der alte Sack da vorne langsam mal Platz für Jüngere und Bessere machen sollte. Streng genommen sind das nicht mal zehn Jahre, danach heißt es dann langsam wieder: Abtreten! Macht und Erfolg, das ist wie in der Politik, sind nur geliehen und Mandate auf Zeit.

Ganz davon abgesehen ertappt man sich selbst dann auch in ersten Gesprächen mit Freunden oder einfach nur dahingehangenen Gedanken, wie man über das Thema Ruhestand oder Rente oder am besten beides sinniert. Man erschrickt beim ersten und beim zweiten Mal, weil Rente oder Ruhestand tendenziell etwas für alte Menschen sind, die dann noch ein paar Jahre am Küchenbankerl oder im Schaukelstuhl sitzen, eventuell ein bisschen auf die Enkel aufpassen und ansonsten langsam zu Sorgenfällen mutieren. Die nüchterne Rechnung ist allerdings eine andere: Selbst wenn mich die Rente mit 67 treffen sollte, habe ich noch 18 Jahre zu arbeiten. Das ist deutlich weniger als das, was ich schon hinter mir habe. Wenn ich meine Bundeswehrzeit dazu rechne, bin ich jetzt seit genau 30 Jahren Teil der arbeitenden Bevölkerung. Da sind die noch verbleibenden 18 gar nicht mal mehr so weit weg. Und unrealistisch auch nicht.

Komisches Gefühl dennoch, das. Man ist gerade auf dem Höhepunkt seines Schaffens, ist Chef von vielen hundert Leuten oder auch nur Abteilungsleiter oder Buchautor – und weiß, dass man sich davon allmählich wieder verabschieden sollte. Vermutlich ist das auch der Grund dafür, warum es etlichen Generationen vor uns so schwerfiel, zum richtigen Zeitpunkt zu gehen. Natürlich habe ich mir selbst angesichts dessen vorgenommen, nicht noch als alter Tattergreis meinen Freunden und Kollegen auf die Nerven zu gehen. Innerlich habe ich dennoch die Befürchtung, irgendwann auch mal zu jenen Menschen zu gehören, deren Erscheinen alleine schon ausreicht, dass Leute jüngeren Alters heimlich die Augen verdrehen.

Es ist noch nicht lange her, als ich an einer Universität in Österreich eine Gastvorlesung zum Thema „Neue Medien" gehalten habe. Die Resonanz war ganz ok, soweit ich mich erinnere. Allerdings schrieb einer der teilnehmenden Studenten später bei Twitter, ob es nicht absurd sei, dass sie sich als junge „digital natives" diesen ganzen neuen Digitalkram von einem 50-Jährigen(!) erklären lassen müssten.

Sieht man von meiner tiefen inneren Kränkung ab, dass der junge Mann einen damals 48-Jährigen für 50 gehalten hat: Wo er recht hat – hat er recht. Zeit, über die Zeit danach nachzudenken

8

Ratgeber und das Work-Life-Bullshit-Bingo

Das mit dem Nachdenken über das Hier und Heute ist natürlich so eine Sache. Das Leben wird mit den Jahren nicht eben einfacher. Im Gegenteil: Der Eindruck, dass es in der Mitte des Lebens eher komplexer wird, ist vermutlich nicht falsch. Ist es da verwunderlich, dass man sich gerne Rat sucht, um wenigstens ein paar Antworten auf sehr grundsätzliche Fragen zu finden?

Es gibt eine ganze Reihe von Berufen, denen man nachsagt, man könne mit ihnen furchtbar viel Geld verdienen. Anwalt, Profisportler, irgendwas mit Banken und Finanzmarkt, das alles gilt als eine sichere Einnahmequelle und wer in diesem Metier nicht irgendwann mal mit einem Porsche daherkommt, hat mutmaßlich irgendwas falsch gemacht. In nahezu jeder dieser Aufzählungen fehlt allerdings etwas: Ratgeberautor.

Nichts, so scheint es, brauchen Menschen nötiger als mehr oder weniger gute Ratschläge. Sie brauchen sie so sehr, dass sie sogar zwischen Buchdeckel gepresste Ansammlungen von Weisheiten auf dem Niveau von

Kalendersprüchen rasend gerne kaufen, lesen und vermutlich auch noch für irgendwie wahr und zutreffend halten. Das hat nur sehr entfernt mit den 90er Jahren und dem Anfang des neuen Jahrtausends zu tun, als der Zeitgeist so war, dass man als minderwertiger Mensch (man nannte das damals „Minderleister") zu gelten hatte, wenn man morgens nicht mit einem fröhlichen „Tschakka!" vor dem Spiegel stand und danach ein zwölf Stunden brillierendes Motivations- und Leistungsfeuerwerk war. Der Zeitgeist war außerdem dergestalt, dass sogenannte Motivationstrainer enorm viel Geld scheffelten, in dem sie in Stadthallen mittelgroßer Städte stellvertretende Abteilungsleiter von Sparkassen und Versicherungsvertreter in den Glauben pushten, sie seien dazu bestimmt, noch ganz große Dinge zu leisten. Kurz zusammengefasst: Wer etwas nicht schafft, hat nur nicht genug gewollt.

Vermutlich zog man sich schon damals die Klientel für den nächsten Trend heran: Wer mit 40 feststellt, dass es für die mit 30 in Aussicht gestellten ganz großen Dinge dann doch nicht gereicht hat, sondern dass man in der Doppelhaushälfte in Germering mit Carport und VW Passat stecken geblieben ist, landet schnell in der Depression. Das heißt, man darf das so natürlich heute nicht nennen, noch dazu, wenn man noch vor zehn Jahren beim Blick in den Spiegel „Tschakka!" gerufen hat. Man nennt das jetzt „Burn-out", was viel besser klingt als Depression. Es ist ja nicht so, dass man nicht mehr alle Nadeln an der Tanne hat, man ist nur ein bisschen erschöpft, der Job, Sie wissen schon. Jedenfalls sind die ganzen ehemaligen Stadthallenbesucher jetzt alle beim Burn-out gelandet, obwohl sie es so gut gemeint und sich kräftig angestrengt hatten.

Und sie lesen Ratgeber. Alle. Durch die Bank.

Anders kann man kaum erklären, dass man beispielsweise bei „Amazon" auf die Stichwortsuche „Burnout" rund 1.800 Ergebnisse erhält. Und dass man in der Kategorie „Ratgeber" schon sehr genaue Suchbegriffe eingeben muss, weil sie so viel Zeug beinhaltet, dass man sich vermutlich einen Ratgeber kaufen müsste. Einen Ratgeber dafür, wie man den besten Ratgeber findet. Aber was soll man auch machen, wenn man vor zehn Jahren in den Motivationsseminaren eingetrichtert bekam, man könne alles schaffen, wenn man nur wolle? Hat man dann nicht genug gewollt oder war man schlichtweg zu doof dazu, das zu schaffen, was alle anderen offenbar ja auch mühelos hinbekommen haben?

Also: Her mit dem Ratgeber! Irgendjemand muss das ja wissen!

Vermutlich muss man sich das ja so vorstellen: Mit 40 fühlt man sich gerne mal vom Leben leicht betrogen. Man hat geheiratet, Kinder in die Welt gesetzt, ein Haus gebaut und so viel gearbeitet, dass man es vom stellvertretenden Abteilungsleiter vielleicht doch noch (der ganz große Wurf!) zum Abteilungsleiter bringen könnte, man ist ja schließlich ein junges, vielversprechendes Talent. Eigentlich ist sogar das ganze Leben ein einziges Versprechen: Die Frau hat versprochen, dass sie für immer und ewig bleibt, die Bank hat versprochen, dass so eine Immobilie eine bombensichere Geschichte fürs ganze Leben ist. Und der Chef hat versprochen, dass es mit der Abteilungsleiterstelle ganz sicher ganz bald klappt. Die Kinder haben einem nichts versprochen, aber hey, ohne uns wären die gar nicht auf der Welt, das ist so was wie ein lebenslanges Vorschussversprechen für ungefähr alles.

Mit Anfang 40 sieht die Lage bei einem kurzen Zwischenfazit dann so aus: Die Frau hat ein Verhältnis mit einem anderen, Abteilungsleiter ist der grauenvolle Typ geworden, der erstens noch nicht so lange dabei ist und außerdem von nichts eine Ahnung hat. Das Haus gehört der Bank und die Erkerchen und Türmchen, die man damals liebevoll als Ausweis besonderer Individualität angedockt hatte, locken bei den heute 30-Jährigen nur noch ein mitleidiges Lächeln hervor: Spießerhütte, elende. Wenn dann der grauenvolle Kollege, der Abteilungsleiter geworden ist, auch noch in Personalunion das Amt des Liebhabers der Frau ausübt, ist der Weg in die Depression zwangsläufig. Oder zumindest in das bedauernswerte Schicksal eines Ratgeberlesers. Wer anfängt, Ratgeber zu lesen, kann das als sicheres Indiz werten: Weit ist es nicht mehr bis zum endgültigen Tiefpunkt des Lebens.

Ratgeber sind das neue Versprechen für die verspre-
chensenttäuschten Mittvierziger. Ratgeber suggerieren,
man bekomme ja noch mal eine zweite Chance, man
dürfe sich dabei nur nicht auf die Versprechen von
Ehefrauen, Vorgesetzten und Banken verlassen, sondern nur auf die der Ratgeber. Und natürlich – auf sich
selbst. Ratgeber tragen deshalb Titel wie:

Lebe deinen Lifecode!

Mach' dein Glück, sonst macht es keiner! Schenk dir
selbst ein neues Leben!

Willenskraft! Warum Talent gnadenlos überschätzt
wird!

Work-Life-Balance!

Simplify your life!

In Ratgebern findet man jede noch so steile Theorie, die
man sich nur vorstellen kann. Die einen behaupten,
man solle endlich aufhören zu arbeiten, die anderen
meinen, erst durch richtig viel Arbeit und die daraus
resultierenden großartigen Erfolge schaffe man sich ein
Leben, das diesen Namen auch verdient. Man findet
präzise Beschreibungen, wie man mit irgendwelchen
Kräutern und Blüten zu einem besseren Leben kommt.
Oder auch einfach nur mit dem schieren Glauben an
höhere Wesen und das Universum, wobei derzeit noch
umstritten ist, welches höhere Wesen genau jetzt

für unser Seelenheil zuständig ist. Immerhin hat man sich aber darauf einigen können, dass Glauben irgendwie hilft, außer bei Agnostikern natürlich. Aber selbst für Agnostiker findet man brauchbare Hinweise, wie man zu mehr Entspannung und innerem Frieden kommt. Überhaupt ist die Mitte unseres Lebens die Zeit, in der das Glauben das Leben regiert. Was will man auch machen, wenn einem in diesen Jahren alle vermeintlichen Gewissheiten wegbrechen? Wer nix mehr weiß, der muss sich an Glauben klammern. Und wenn es nur der Glauben ans Nichtglauben ist.

Man hätte das schon vor 15 Jahren ahnen können: Als der damalige Außenminister Joschka Fischer, damals auch knapp die kritischen Jahre hinter sich habend, ein Buch über das Marathonlaufen schrieb, hatte der Titel des Buchs nicht irgendwie mit dem Thema Marathon zu tun, sondern wurde bedeutungsschwanger: „Mein langer Lauf zu mir selbst". Vermutlich hatte Fischer damals schon mehr oder weniger ungewollt den Trend gesetzt: In unserem Alter vermuten wir in ungefähr allem eine Suche nach sich selbst. Und wenn Sie nur Ihre Leidenschaft fürs Kochen oder das Hundezüchten entdecken. Wir haben keine „Hobbys" mehr und auch keine Vorlieben, sondern sind generell etwas existenzialistisch. Selbstverwirklichend. Mit der Vergangenheit brechend. Auf der Suche nach einem neuen Leben. Deswegen kann man uns in unserem Alter jeden denkbaren Schmarrn erzählen, Hauptsache, es sieht irgendwie nach einem Weg aus der Krise aus. Wenn uns einer die Kombination aus Bachblüten,

Marathon laufen und Buddhismus als Erlösung anpreist, glauben wir das auch. Hauptsache, es hilft.

*

Work-Life-Balance-Bullshit-Bingo, die Millionenindustrie mit den geplagten 40-Jährigen.

Man bemerkt, dass das Leben in der Mitte des Lebens kein rechter Spaß ist. Wer aus einem simplen Sport-Trainingsprogramm sofort ein bewusstseinserweiterndes und lebensveränderndes Ereignis macht, lernt auch nicht einfach so mal Kochen oder Altgriechisch. Nein, wir schwingen gerne die ganz große Keule und verändern unser Leben, jeden Tag, mit allem was wir tun. Ohne Rücksicht auf Verluste, auf uns selbst und manchmal nicht mal auf andere.

Auf der anderen Seite: Wenn man ständig irgendwas grundlegend verändern will, muss man mit dem Status quo ganz schön unzufrieden sein. Wäre es demnach also eine sehr gewagte Theorie, wenn man sagt, dass Menschen ab 40 die unzufriedensten überhaupt sind – und dass man an diesem Schicksal nur schwerlich vorbeikommt?

Natürlich nicht. Mit 25 wären wir nicht auf die Idee gekommen, unser Leben zu simplifyen, weil es eh schon simpel genug war. Etwas fürs Selbstbewusstsein tun? Pah, was für ein Witz, wo wir doch mit 25 vor lauter Selbstbewusstsein fast nicht mehr laufen konnten und zudem allesamt der festen Überzeugung waren, dass die Welt eh uns gehört und nur noch die alten Säcke vor uns (per Defintion: Menschen ab 40) endlich abtreten und den Weg für uns frei machen müssen. Mit 25 braucht man keinen Ratgeber, man ist sich selbst genug.

Mit 40 steht man dann plötzlich da und blickt sich Hilfe suchend um: Wo genau haben wir uns bitte verlaufen?

9

Konfrontation mit allem, jedem und sich selbst

Mag also gut sein, dass diese latente Unzufriedenheit ihre Gründe ebenso hat wie ihre Auswirkungen. Dass man deswegen Ratgeber kauft wie blöde, ungemein anfällig wird für Kalendersprüche aller Art, permanent auf irgendwelchen Sinnsuchen ist und sich gleichwohl aus der traurigen Realität ausblendet. Die traurige Realität müsste man an sich so bilanzieren: Wir haben in vielerlei Hinsicht unsere besten Zeiten hinter uns, weswegen wir immer wieder gerne betonen, dass die besten Jahre erst noch kommen. Der Höhepunkt der körperlichen Leistungsfähigkeit ist angeblich mit 25 erreicht, die Libido lässt demnach schon mit 18 wieder nach und wie es um unsere kognitiven Fähigkeiten bestellt ist, wollen wir angesichts dessen lieber gar nicht erst wissen.

Die Sache mit der Libido ist übrigens ein ganz besonderer Treppenwitz des Lebens: Da haben wir noch nicht mal richtig Ahnung, wie diese Sache mit dem Sex überhaupt funktioniert, da geht es mit der Leistungsfähigkeit auch schon wieder abwärts. Irgendwas ist bei der Evolution in den letzten Jahren jedenfalls schiefgelaufen. Leistungsfähigkeit und Lebensrealitäten passen nicht mehr so recht zusammen. Unsere körperlichen Zyklen orientieren sich immer noch daran, dass eine Lebenserwartung von über 60 schon unwahrscheinlich sei. Unsere Gesellschaft hingegen geht davon aus, dass man mit 30 halbwegs erwachsen wird, mit 40 in die Pubertät kommt und mit 50 zum Menschen wird.

Wer aber jemals festgestellt hat, dass man neuerdings gerne etwas vergisst, Telefonnummern nicht mehr mal eben so aus dem Gedächtnis schüttelt und man sich auch mit dem Lesen dicker Schinken deutlich schwerer tut als in juvenilen Jahren, hat eine Ahnung, dass es mit dem Hirn auch nicht mehr zum besten steht. Es ist ja zudem leicht auszurechnen, sofern man noch in der Lage ist, einfache Rechnungen im Kopf durchzuführen: Wenn man irgendwo zwischen 18 und 25 den Gipfel seiner Fähigkeiten erreicht und man mittlerweile die 40 locker hinter sich gelassen hat, dann sind die besten Zeiten schon wieder rund 20 Jahre vorbei. Um noch mal die Wissenschaft zu bemühen: Mit 40, so sagen sie, fällt es dem Gehirn zunehmend schwerer, Informationen zu verarbeiten.

Wenn also unsere besten Zeiten schon wieder 20 Jahre zurückliegen, dann klingt das erst mal nach wenig und nach einer vergleichsweise kurzen Zeit, wirkt aber gleich viel dramatischer, wenn man sich ein bisschen in der Geschichte zurückdenkt: Die Mauer war gerade mal frisch gefallen, ein gewisser Helmut Kohl Bundeskanzler (wie man damals dachte: auf Lebenszeit), der Papst war ein Pole und nur wirklich sehr am Thema Kirche Interessierte hatten jemals von einem Kardinal namens Ratzinger gehört. Noch nicht genug? Deutschland war Fußballweltmeister, wovon sich die Jüngeren unter uns kaum mehr vorstellen können, dass es so was jemals gab. Berti Vogts war Bundesberti.

Dass man sich in naher Zukunft Post auf elektronischem Wege schicken könnte, schien unvorstellbar – und dass man jemals mit diesem wahnwitzig dicken Knochen in der Hosentasche etwas anderes machen könnte, als zu telefonieren, sprengte nicht einfach nur die Vorstellungskraft. Wir kamen gar nicht auf die Idee, dass das Sinn machen würde. Autos sind zum Fahren da, Telefone zum Telefonieren. Was denn sonst? Wir fanden es ja schon fantastisch, dass man ohne Kabel und noch dazu von unterwegs aus telefonieren konnte. Deswegen gaben wir diesem Knochen den hoffnungslos verkehrten Namen „Handy". Daran ist so vieles falsch, dass man gar nicht weiß, wo man anfangen soll zu erklären, was daran alles falsch ist. Jedenfalls würde ein Brite oder ein Amerikaner sein Mobiltelefon niemals „Handy" nennen, weil es diesen Begriff in seiner Muttersprache gar nicht gibt. Wir aber waren so begeistert von diesem Ding, dass wir den lautmalerisch ohne jeden Zweifel sinnvollen Begriff schufen, obwohl diese Dinger alles mögliche waren, nur nicht handlich.

Noch ein paar Flashbacks gefällig? Im TV moderierte Eduard Zimmermann vor brauner Studiodeko eine Sendung namens „Aktenzeichen XY", mit Hornbrille und mit einem Tonfall, der alleine schon ausreichte, die Welt für einen tendenziell eher schlechten und bedrohlichen Ort zu halten. Der Freitagabend gehörte immer noch *Inspektor Derrick* und wenn nicht ihm, dann einem Kollegen, der einfach nur *Der Alte* hieß. Was übrigens den unbestreitbaren Vorteil bot, den Protagonisten regelmäßig austauschen zu können, ohne gleich die ganze Serie umbenennen oder einstellen zu müssen.

Die Älteren unter uns können sich allerdings noch gut an den Ursprungs-Alten erinnern, ein gewisser Siegfried Lowitz, selbst schon lange tot und mithin ein Name, der bereits die heute 30-Jährigen ratlos zurücklässt. Unsere eigenen Kinder würden es nicht mal mehr bei dieser Ratlosigkeit belassen, sondern bestenfalls die Augen verdrehen, wenn wir ihnen davon erzählen. Siegfried Lowitz und Eduard Zimmermann sind vermutlich für unsere Kinder das, was für uns, sagen wir, Hans Moser und Heinz Rühmann waren. Irgendwie nett, aber eine komplett andere Zeit. Man sollte also seinen Kindern nicht allzu viel von Lowitz und Zimmermann erzählen, wenn man sich seine ohnehin vagen Aussichten erhalten will, später mal von ihnen gepflegt zu werden. Ganz davon abgesehen, dass sie einen schon für einen senilen Trottel halten, wenn man ihnen ernsthaft erzählen wollte, wie gruselig ein Mann mit Hornbrille vor einer braunen Schrankwand sein kann.

Aber irgendwann kommt man an der Konfrontation mit seinem eigenen Alter nicht mehr vorbei, selbst dann nicht, wenn man es tunlichst vermeidet, den Kindern irgendwas von Schwarz-weiß-Fernsehen, Vinyl-Platten und Telefonieren mit langen Kabeln zu berichten. Man kann beispielsweise mal die Gelegenheit nutzen, mit jungen Männern Anfang 20 Fußball spielen zu gehen. Ein guter Freund von mir hatte als Resultat einen Kreuzbandriss. Meine eigenen Erfahrungen mit dieser Konstellation endeten zwar nicht in solchen Kalamitäten, aber die psychischen Leiden sind mindestens genauso schmerzhaft. Am schlimmsten sind die gut gemeinten Schulterklopfer nach dem Spiel, die nichts anderes heißen: War ganz okay – für dein Alter!

Überhaupt, diese Formulierung: *Für dein Alter!* So gut und aufrichtig kann das jemand gar nicht meinen, als dass man ihn für diesen Satz nicht sofort erschießen lassen möchte. Im Nachhinein möchte ich mich deshalb an dieser Stelle ausdrücklich insbesondere bei meinen natürlich schon längst verstorbenen Großeltern entschuldigen, wenn ich ihnen mal wieder gesagt habe, dass bei ihnen alles doch noch schwer o.k. sei – für ihr Alter.

Man kommt also an dieser Konfrontation definitiv nicht vorbei, beim Fußballspielen nicht, beim Kontrollieren der Hausaufgaben der Kinder nicht (ab der 7. Klasse Gymnasium birgt das übrigens unfassbar großes Blamage-Potenzial in sich), beim Friseurbesuch nicht und zu Beginn der Badesaison schon gleich gar nicht mehr.

Zu den Dingen, mit denen man ebenfalls bei einem noch halbwegs funktionierenden Realitätssinn konfrontiert wird, gehört auch das: Die durchschnittliche Lebenserwartung von Männern liegt in Deutschland bei 79 Jahren, Frauen werden (warum eigentlich) durchschnittlich zwei Jahre älter. Man hat also in den 40ern mit einiger Wahrscheinlichkeit bereits über die Hälfte seines Lebens hinter sich. Zu vermuten ist zudem, dass die noch kommenden Jahre vielleicht nicht zu den besseren gehören werden, dazu zwickt schon jetzt zu viel. Vermutlich werde ich dann, wenn ich in zehn Jahren das nächste Buch schreibe, mich glücksselig daran erinnern, wie schön es war, als man noch sagen konnte, das eine oder andere habe lediglich ein bisschen gezwickt.

Vermutlich haben wir genau aus diesem Grund eine Meisterschaft darin entwickelt, diesen Realitäten auszuweichen. Die Meister der Meister in dieser Disziplin sind übrigens Journalisten und dabei insbesondere jene, die fürs Fernsehen arbeiten. Für Verhaltensforscher müsste es ein reines Vergnügen sein, dieser Spezies zuzusehen, vor allem, weil sie vermutlich die perfekte Blaupause für alle anderen Berufsgruppen sind. Medien jedenfalls sind eine Branche, die naturgemäß von den 40- bis 50-Jährigen dominiert wird.

Das ist vermutlich auch der Grund, warum Realitäten nirgendwo so grandios geleugnet werden wie in dieser Branche. Kein noch so unwichtiger Redakteur, der nicht in der Lage wäre, mal eben en passant fallen zulassen, er wolle ja noch abwarten, was Merkel dazu zu sagen habe. (Merke in diesem Zusammenhang: Wenn man ausreichend wichtig und gleichwohl jugendlich lässig erscheinen will, niemals einen Namen mit „Herr" oder „Frau" ergänzen).

Aber natürlich sind es nicht nur Journalisten, die sich in panisch aufgesetzter Lässigkeit üben. Es gibt auch ausreichend Männer in anderen Branchen, die in unserem Alter langsam zum menschgewordenen Herrenwitz mutieren. Und Frauen, die sich noch mal aufbrezeln, als seien sie 20, nur dass man unter den blondierten Haaren, den gemachten Brüsten und anderen chirurgischen Eingriffen trotzdem mühelos erkennt, dass sie in etwa das sind, was gespachtelte Roststellen bei Autos sind.

Selbstverständlich werden nicht alle so. Am anderen Ende der Skala findet man die Kategorie, die offensichtlich meint, es sei jetzt eh schon alles wurscht. Bei dieser Spezies entdecken wir dann Männer mit ausgewachsenen Bierbäuchen und Frauen, von denen man sich wenigstens ab und an wünschen würde, sie würden sich ein klitzekleines Beispiel an chirurgisch aufgemotzten Wirtschaftsprüfergattinnen nehmen.

Aber es müssen ja nicht immer gleich die ganz großen Dinge des Lebens sein, mit denen wir konfrontiert werden und bemerken, dass sich irgendwas verschoben hat. Es reicht völlig aus, sich mal für zwei Stunden vor eine Gruppe von Studenten oder Schülern hinzustellen und zu versuchen, denen was zu erzählen. Spätestens nach einer halben Stunde bemerkt man instinktiv, dass das mit der eigenen Welt nichts, aber auch gar nichts mehr zu tun hat. Dabei hatte man doch die ganze Zeit sicher geglaubt, nie so zu werden, dass man 20-Jährige nicht mehr versteht. Wenn mir 20-Jährige heute aus ihrem Leben erzählen, wenn ich sie anschaue oder wenn ich ihre Musik höre, komme ich vor, als würden die klingonisch sprechen und überhaupt von einem ganz anderen Planeten kommen.

*

Oder aber: Man entdeckt auf der Speisekarte eines Restaurants einen Seniorenteller.

Ich habe übrigens noch nie einen Seniorenteller gegessen. Ich habe auch nicht vor, das in absehbarer Zeit zu tun. Schon alleine wegen des hohen Diskriminierungsfaktors. Ein Name, der auf meinen Zustand schließen lässt. Wie bescheuert ist das denn? Gegen den Juniorteller früher konnte man sich ja nicht wehren, man wusste ja auch nicht so genau, was das sein sollte. Außerdem ist das bei Kindern selbstverständlich, dass alles mit dem Kinder-Präfix versehen wird.

Aber bei uns etwas Älteren? Seniorenteller? Ich meine, ich bestelle doch auch keinen Haarausfall-Teller oder einen nachlassende-Libido-Teller.

Der Seniorenteller, das habe ich mir geschworen, wird nie über meine Lippen kommen. Nie, nie, nie. Das wäre die endgültige Kapitulation vor dem Alter, eine Bankrotterklärung, wie sie schlimmer nicht mehr sein könnte.

Auf der anderen Seite: Wenn wir ehrlich zu uns selbst sind, müssen wir leider feststellen, dass es schon zu viele Dinge gegeben hat, von denen wir noch vor wenigen Jahren behauptet hätten, dass sie uns nicht nie, nie, nie wiederfahren könnten. Wir hätten einen Bauchansatz ausgeschlossen und graue Haare und Falten und weniger Lust auf Sex und abends um zehn ins Bett zu gehen und Musik lieber leise zu hören. Generell haben wir auch ausgeschlossen, jemals 40 zu werden, zumindest in sehr jungen Jahren: *only the good die young* und so, Sie wissen schon. Jetzt sind wir also 40 und so sagenhaft vernünftig – während ich das hier gerade so schreibe, sitze ich neben einer Wasserkaraffe, die mir anzeigt, ob ich auch genug Wasser zu mir genommen habe. So funktioniert das jetzt, so geregelt, normiert und tja, auch das, spießig.

10

Ich, der Spießer

Vor kurzem haben meine pubertierenden Töchter einen heftigen Lachanfall bekommen. An meinem linken Ohr entdeckten sie die Überreste eines Ohrlochs. Weswegen ich mich jetzt an dieser Stelle outen muss: Ich habe früher mal einen Ohrring getragen. Und mit früher meine ich: wirklich früher. Ich war Anfang 20 und bin somit entschuldigt. Das ist, nebenbei bemerkt, einer der ganz großen Vorteile der Jahre um die 20: Man ist für ungefähr alles entschuldigt. Inzwischen gibt es leider für gar nichts mehr Entschuldigungen.

Auf die Idee, sich selbst freiwillig so zu verunstalten, kommen Männer heutzutage ja ohnehin eher selten, aber in unserem Alter ist der Ohrring das unverwechselbare Kennzeichen wahlweise der Zurückgebliebenheit oder der restlosen Verzweiflung. Wer als Mann in den Vierzigern einen Ohrring trägt, färbt sich auch blonde Strähnchen ins Haar, trägt Muscle-Shirts und befindet sich in einem Stadium nahe der Unzurechnungsfähigkeit.

Jedenfalls haben sich meine Töchter prächtig amüsiert. So prächtig, dass ich gerade ausholen wollte zu einem langen Vortrag darüber, dass sie anscheinend keinerlei Ahnung haben, was Papa früher noch so alles angestellt hat. Das würde ich übrigens auch an dieser Stelle gerne tun, muss mich allerdings selbst beschränken, ich habe schließlich keine Ahnung, ob dieses Buch nicht irgendwelche übereifrigen Strafverfolger mitlesen. Aber gut, hier eine kleine Liste dessen, was ich in meinem Leben schon hinter mich gebracht habe: ziemlich angeheitert mit offenen Scheiben und laut aufgedrehten *Stones* im Auto gefahren. Gegen Vorschriften des Betäubungsmittelgesetzes verstoßen. Wegen nicht akzeptablen Verhaltens von einer Klassenfahrt ausgeschlossen werden. Motorradfahren ohne Führerschein. Ohrring tragen. Lehrer und andere Autoritäten unangemessen provozieren. Sex mit ... nein, jetzt ist genug, Sie müssen ja nicht alles wissen.

Genau genommen also: stinknormal alles. Jeder von uns kann Geschichten in Hülle und Fülle darüber erzählen, was er schon mal angestellt hat. Das eigentlich Schlimme an uns ist ja auch genau das: dass wir es andauernd tun. Wenn wir uns selbst zuhören, berauschen wir uns an unserem vermeintlich abenteuerlichen Leben. Wenn andere, vulgo Jüngere uns zuhören, langweilen sie sich, weil das aus ihrer Sicht ungefähr so prickelnd ist, als wenn Opa mal wieder vom Ardennenkrieg erzählt.

Das alles, was wir inzwischen gerne als irre aufregende Vergangenheit glorifizieren, war möglicherweise also schon der Vorläufer zu dem, was wir heute zugestehen müssen: Wir sind ziemlich spießig geworden. Oder zumindest auf dem allerbesten Weg dorthin. Ich weiß, spießig sind immer nur die anderen. Aber mittlerweile leben wir gerne mal im Doppelhaushälftengrab und auch unsere freistehenden Häuser sind eher selten Ausbund besonderer Originalität und Kreativität. Gehäkelte Klorollen haben wir nicht mehr auf der Hutablage unserer Autos, aber Mittelklasseautos sind es trotzdem. Und hey, mal für die mit dem etwas gehobenen Lebensstil unter den geneigten Lesern: Vielleicht mögen Sie sich ja vom schnöden Rest dadurch unterscheiden, dass Sie einen SUV fahren. Aber mit dem SUV zum Altglascontainer, das ist nicht nur unfassbar spießig, sondern auch hart am Rand der Lächerlichkeit. Woher ich das so gut weiß? Hab's selbst schon gemacht. Das war der Moment, in dem ich begriffen habe, dass es vielleicht ein Mittelklasse-Spießertum und ein gehobenes SUV-Spießertum und sogar ein sehr gehobenes Porsche-Spießertum gibt. Aber an der eigenen Spießerei kommen wir leider trotzdem nicht vorbei.

Weil es mit 40 Dinge gibt, die man einfach nicht mehr mag. Oder zumindest: immer weniger. Laut Musik hören, bis die Lautsprecher scheppern. Alkohol in solchen Mengen, dass einem zwei Tage später noch flau im Magen ist. Um die Häuser ziehen bis morgens um vier und anschließend irgendwo zum Frühstück noch einen Kühlschrank leer essen. Vermutlich würde es uns sogar vor einem One-Night-Stand inzwischen grauen, falls sich jemals mal wieder die Gelegenheit dazu ergeben würde. Da kommt es dann auf die Doppelhaushälfte und den Golf vor der Tür auch nicht mehr an. Im Gegenteil: Man wirkt vermutlich weniger peinlich, wenn man sich zu seinem Spießertum und der beginnenden Normalität wenigstens ordentlich bekennt, anstatt zu glauben, man könnte mit dem Porsche oder dem BMW noch irgendwas rausreißen.

11

Burn-out: Bitte jeder nur einen …

Viel Risiko und noch mehr offene Fragen, weil sich in verblüffendem Tempo sehr vieles ändert: Das führt zwangsläufig dazu, dass der Kopf ganz schön voll ist in diesen Jahren. Was wiederum zu einem Thema führt, dass in dieser Phase des Lebens nahezu unausweichlich wird …

Ja, ich weiß, was Sie denken, wenn Sie diese Kapitelüberschrift sehen: Nicht schon wieder! Burn-out ist zu einem solchen Modebegriff geworden, dass er ein wunderbarer Grund zum Spott geworden ist. „Noch jemand ohne Burn-out?", titelte beispielsweise die altehrwürdige ZEIT, die sonst alles Mögliche kann, nur keine Ironie. Wenn also das staubtrockene Blatt aus Hamburg jetzt schon ironisch wird, kann man sich vorstellen, wie sehr der Begriff irgendwann mal überstrapaziert wurde. Auf dem Höhepunkt der Burn-out-Welle traute man sich kaum mehr zu sagen, man sei müde. Man musste sonst mit dem strengen Blick wohlmeinender Zeitgenossen rechnen, die einem mahnend ans Herz legten, man solle doch mal zum Arzt gehen, man wisse ja nie, ob das nicht die ersten

Anzeichen eines beginnenden Burn-outs seien. Aus Deutschland war jedenfalls innerhalb kurzer Zeit ein Land der Ausgebrannten geworden. In Firmen und Ministerien begann man, über Handy- und sonstige Verbote nach 18 Uhr nachzudenken. Krankenkassen und Medien überstürzten sich in Ratschlägen, wie ein Burn-out zu vermeiden sei, die Rede war von der neuen Volkskrankheit, so dass man sich irgendwann schämen musste, wenn man frohen Mutes und irgendwie unausgebrannt über die Straße ging: Wenn alle ausgebrannt und ermattet sind, ist man dann selber ohne Burn-out ein Faulpelz? Alle schuften und ackern, wohingegen man selbst ein rechter Taugenichts ist?

Keine Sorge: Dieses Kapitel wird jetzt nicht zu einer Polemik und zu einer Spottschrift über alle, die irgendwann mal in ihrem Leben mit einem Burn-out zu kämpfen hatten. Im Gegenteil: Vermutlich muss man sich erst mal über den Hype ordentlich lustig machen, damit man die, die es wirklich erwischt hat, besser verstehen kann. Und dafür sind wir irgendwann in den Vierzigern vermutlich anfällig. Man hat ja schließlich schon ein paar Jahre an Leben und Arbeit hinter sich. Wenn man zu diesem Zeitpunkt ehrlich zu sich selbst ist, wird man feststellen müssen: Nein, es war nicht alles gelungen. Manches war vermutlich sogar ausgesprochen misslungen. Man hat nicht nur ein bisschen Pech gehabt und kuriose Dinge erlebt, sondern auch Sachen gemacht, an die man besser nicht mehr erinnert werden will. Wer von sich selbst in unserem Alter behauptet, noch nie in irgendeinem Teil seines Lebens krass versagt zu haben, ist entweder ein windiger Schwindler oder er macht sich selbst was vor. Und er ist ein heißer Kandidat für einen Burn-out, der oft auch damit zusammenhängt, dass man sich selbst und seine Kräfte hoffnungslos überschätzt.

Und was es da nicht alles gibt: gescheiterte Ehen, geplatzte Träume, verworfene Lebensentwürfe. Sackgassen im Job, Krankheiten – und ja, auch das: Man muss Abschied nehmen von Menschen, sei es durch Trennungen oder auch durch Tod. Bei meinem letzten Klassentreffen vor fünf Jahren waren wir noch komplett, beim nächsten Mal wird das definitiv nicht mehr der Fall sein. Wir sind noch keine 50, das stimmt einen dann doch nachdenklich. Obwohl, wenn man sich in die Position eines anderen versetzt: Wenn heute ein, sagen wir, 20-Jähriger die Todesanzeige eines 50-Jährigen liest, wird er vermutlich nicht wirklich schockiert sein. Bisschen früh, klar, aber meine Güte, shit happens. Und vermutlich bin ich sogar noch in einer glücklichen Lage, wenn von einem Abiturjahrgang mit 65 Leuten 64 mutmaßlich ihren 50. Geburtstag noch erleben werden, die meisten davon sogar noch im Vollbesitz ihrer geistigen Kräfte. Aber bevor sie mich beneiden: Trotzdem gab es in meinem Umfeld tödliche Verkehrsunfälle, Schlaganfälle, Krebs und allerlei anderes, so dass ich alles in allem zufrieden bin, dass mir all das bisher erspart geblieben ist. Auf der anderen Seite ertappe ich mich selbst bei einer gewissen Getriebenheit, dieses Buch noch vor meinem 50. fertig zu stellen. Nicht nur wegen erhöhter Glaubwürdigkeit. Vielleicht kann ich ja bald nicht mehr so, wie ich möchte, was weiß man schon.

Ich sagte es bereits ganz zu Beginn: Es gibt Wissenschaftler, die behaupten, das Leben verlaufe wie der Buchstabe „U". Man fängt irgendwo oben an, dann geht es ein wenig abwärts, weiter abwärts und noch weiter abwärts. Bis man die Talsohle erreicht. Das ist nach landläufiger Wissenschaftlermeinung irgendwann mit Mitte 40 der Fall. Ich vermute, eine Menge Mittvierziger werden das zumindest als gefühlte Wahrheit bestätigen können. Man kann sich, führt man sich dieses Bild mal vor Augen, allerdings auch vorstellen, dass so ein Burn-out in der ersten Hälfte des Lebens beinahe zwangsläufig ist. Da rackert und macht man alles, um den Absturz vielleicht doch irgendwie zu verhindern. Nur, um dann festzustellen, dass es doch nicht gereicht hat und man auch nicht besser ist als alle anderen.

Das Tröstliche daran, wenigstens theoretisch: Wie beim „U" geht es danach wieder nach oben, stetig und immer weiter. Darüber wird sich freuen, wer gerade mit Mitte 40 ziemlich im Keller sitzt und auf bessere Zeiten wartet. Der Korrektheit halber muss an dieser Stelle dennoch festgehalten werden, dass dieses Modell eine kleine Schwäche hat. Wäre dem so, dann wären erstens die Geburt und der Tod die Phasen unseres Lebens, wo wir ganz oben sind. Ich vermute, das wird nicht ganz hinhauen, auch wenn ich an meine Geburt keine Erinnerung habe und es bis zum Tod noch ein paar Tage hin sein dürften. Aber gut, ich will Ihnen und mir die Stimmung nicht versauen. Und wahr ist ja auch, dass ich das selber so erlebt habe: Mit Mitte 40 saß ich so im Keller, dass ich ernsthaft befürchtete, mein Leben fortan als Assel oder Kakerlake verbringen zu müssen. Heute würde ich sagen: netter Ausflug in die Untiefen des Kellers, muss man vermutlich mal gesehen haben. Aber auf eine Rückkehr verzichte ich liebend gerne, ich fühle mich auf der anderen Seite des „U" ganz wohl. Ob man das jetzt Burn-out nennt, was ich da hatte – oder ob es ein ganz stinknormaler Lebenslauf eines Menschen in der Mitte seines Leben war, ich habe keine Ahnung und mittlerweile ist mir das auch restlos egal. Zumindest weiß ich jetzt, dass man da wieder rauskommt, ganz sicher. Das nur als kleiner Tipp, falls Sie gerade mittendrin stecken oder die Befürchtung hegen müssen, eine unangenehme Erfahrung wie diese noch vor sich zu haben.

Aber vermutlich muss man, bevor man dann wieder auf der anderen Seite nach oben klettert, erst mal nach unten klettern. Das geht nicht ohne Schmerzen, Verletzungen, Schäden. Wenn Sie sich also das nächste Mal über die Burn-out-Hysterie lustig machen, bedenken Sie bitte das potenzielle Alter eines Burn-out-Opfers. Bei einem Mittvierziger ist die Wahrscheinlichkeit hoch, dass er Ihnen gerade nichts vorspielt.

12

Bayern 3: Der Soundtrack, der abschreckt

Mein Leben lang hat mich *Bayern 3* begleitet (für alle Nicht-Bayern: Setzen Sie bitte für eine bessere Nachvollziehbarkeit die „Popwelle" Ihrer Wahl und Region ein). Wenn man also so will, dann ist Bayern 3 eine Parabel meines Lebens. Es ist deshalb auch nicht verwunderlich, dass der Sender heute den quälenden Slogan „Das Beste aus den 80er, den 90ern und von heute" durch ein eingängigeres „The Soundtrack of your life" ersetzt hat. Aber damit beginnt das Elend auch schon: Wenn man den Slogan ernst nähme, würde der Soundtrack meines Lebens aus einigen wenigen Songs bestehen. Es ist immer das Gleiche. Irgendjemand will mal ermittelt haben, dass es in Deutschland keinen Sender gibt, der „Baker Street" öfter spielt als Bayern 3. Ich mochte „Baker Street" mal, aber seit ich das weiß, mag ich es nicht mehr ganz so sehr. Auf der anderen Seite gibt es ja noch Hoffnung, dass unser Leben wenigstens musikalisch doch nicht so öde war: Wenn die Bayern 3-Generation von heute mal auf ihr Leben zurückblickt, besteht ihr Soundtrack gerade mal aus Miley Cyrus und Cro.

Aber das kann uns mittelalterlichen Menschen weitgehend egal sein. Was interessiert uns schon, was die Youngster in 25 Jahren mal erzählen werden? Viel schlimmer ist eine andere Erkenntnis: Wenn also Bayern 3 nicht nur für den Soundtrack unseres Lebens steht, sondern womöglich für seinen ganzen Verlauf – dann ist unser Leben eines, das sich von einem aufmüpfigen Frechdachs zu dem eines tödlichen Langweilers entwickelt, dessen ganzes Streben danach trachtet, dass irgendwann Wochenende ist und wir wahlweise zuerst den Garten unserer Doppelhaushälfte in Germering pflegen und danach das Auto waschen. Oder umgekehrt.

Bayern 3 stand mal für ein kleines bisschen Aufmüpfigkeit. Wenn wir aus dem Wohlfühlradio der späten 70er und der frühen 80er ausbrechen wollten, wenn wir nicht onkeligen Herren wie Elmar Gunsch und lauer Musik lauschen wollten, dann war Bayern 3 das, was man heute *the place to be* nennen würde. Ein gewisser Thomas Gottschalk moderierte so, dass man das aus damaliger Sicht nur als unerhört frech bezeichnen konnte. Später gesellte sich ein junger Mann namens Günther Jauch dazu und alleine für die Frotzeleien der beiden in der nachmittäglichen „Radio-Show" lohnte es sich, das Radio anzuschalten. Bayern 3 ließ es schon krachen, als sich die ARD gerade mal zu einem revolutionären Konzept namens „Die ARD-Popnacht" durchrang. Die Sendung war so, wie es der Name versprach. Erst 1989 habe ich dann verstanden, dass man Namen von Radiosendungen ungewollt noch lustiger gestalten kann. Ich fuhr im November 1989 durch die DDR und in einem Sender namens „Stimme der DDR" lief allen Ernstes eine Sendung namens „Wünsch dir doch mal Tanzmusik!". Da wusste ich dann wieder, was ich an Bayern 3 hatte.

Jedenfalls war Bayern 3 für uns immer der Inbegriff des Radios und wenn wir gemeinsam mit unseren Eltern im Auto unterwegs waren, dann wussten wir, dass bald Böses schwante: Der Sender wurde, manuell natürlich, weil es damals so was wie einen Suchlauf nicht gab, auf Bayern 1 oder andere Grausamkeiten gedreht. Unsere Idole wurden in besseren Kreisen als „impertinent" und in nicht ganz so guten Kreisen schlichtweg als Deppen bezeichnet. In unserem Inneren kochte es und wir wussten: So wie unsere Eltern wollten wir nie werden, dann schon eher so wie diese impertinenten Deppen. Da konnte man ja noch nicht wissen, dass die beiden Moderatoren gerade mal zwei Jahrzehnte später als Inbegriff deutschen Mainstreams dastehen würden und selbst die Hausfrau von nebenan die beiden als die nahezu perfekten Schwiegersöhne ansehen würde. Vor Jauch und Gottschalk erschrecken heute nicht mal mehr Omas mit weißen Locken und Kittelschürze. Auf der anderen Seite gibt das natürlich zu denken: Ist man selber nicht dann auch irgendwie zum hausfrauenfreundlichen Ideal geworden, der niemanden wehtut und von dem sich die eigenen Kinder irgendwann denken, man könne sich alles vorstellen – nur nie, nie, nie im Leben so zu werden wie der.

Ja, die lieben Kinder. Die würden auch nie, nie, nie im Leben Bayern 3 hören, weil aus dem minimalaufmüpfigen Sender von damals heute die tägliche Generalversammlung des Biedersinns geworden ist. Bayern 3 hat heute eine „Morning Show" (so heißt das heute), die im Wesentlichen daraus besteht, dass drei Menschen unfassbar gute Laune haben und selbst dann heftige Lachanfälle bekommen, wenn jemand nur das Wort „Unterhose" oder irgendeinen anderen Nonsens sagt. Das Prinzip Radio heißt heute: alles urkomisch finden und über alles lachen, so eine Art Dauer-Karnevalssitzung. Ab und an rufen sie jemanden an, der gerade noch furchtbar müde ist, sofort aber ebenfalls strahlender Laune wird, weil die drei Lustigen angerufen und ihm mitgeteilt haben, dass er gerade eine Kaffeetasse oder eine Stehplatzkarte für ein Fußballspiel gewonnen hat. Wenn dann alle in der Arbeit sind und nur noch Hausfrauen oder Büromäuse zuhören, wird's heimelig. Man verrät sich Kochrezepte und andere spannende Geheimnisse. Vermutlich kann der Sender aber nicht mal was dafür. Er bildet ja nur unser Leben ab als 40-Jährige: Papa hat die Aktentasche unter den Arm geklemmt und ist mit dem Passat ins Büro gefahren, während die moderne Hausfrau von heute sich radiohörend um die Pflege von Haus, Garten, Kindern und die anderen Doppelhaushälftenbesitzer kümmert.

Die wahre Zentrifugalkraft des Senders ist aber das Wochenende, wobei sich die Trostspendungen in zwei Kategorien einteilen lassen: zum einen, dass die Woche schon nicht so schlimm werde (das geht von

Montag bis Mittwochmittag), zum anderen, dass es jetzt bald, juhuu, Wochenende wird (ab Mittwochmittag).

Was für ein Elend: Da denkt man, man sei ein kleiner Revoluzzer – und endet dann als jemand, dessen ganzes Denken sich darum dreht, wann endlich Wochenende ist. Würde man sich jemals vornehmen, sein Leben noch mal kategorisch ändern zu wollen und endlich nur noch das zu tun, was so richtig Spaß macht – man müsste als erstes aufhören, Bayern 3 zu hören.

Vor ein paar Tagen übrigens habe ich aufgemerkt: Bayern 3 spielte „Rebell yell", eine Nummer, bei der einem nur noch so ein „spontangeil" über die Lippen kommen kann. Nicht aus nostalgischen Gründen und auch kein bisschen „Weißt du noch?"motiviert. „Rebell yell" war immer geil, ist geil, wird immer geil bleiben. Es lief also dann im Radio, in Bayern 3, in diesem ganzen bravheitsorientierten Konformistenmahlstrom – und fiel genau deshalb auf. Also habe ich ausnahmsweise mal bei Bayern 3 im Auto laut gedreht; so laut, dass die Lautsprecher schepperten. Mal was ganz anderes bei einem Sender, in dessen heavy rotation sich gefühlt maximal 20 Titel befinden können.

Am nächsten Tag dann: „Rebel yell". Und am Tag drauf: „Rebel yell". Vorhin unter der Dusche: „Rebel yell". Noch ein paar Tage, dann haben sie es totgedudelt bei Bayern 3, so wie sie alles totdudeln, was irgendeinem zuständigen Musikredakteur gerade zufällig zwischen die Finger kommt. Und man beginnt die Nostalgiker und die Nostalgie zu hassen, weil sie irgendwann so klebrig sind wie eine schlechte Mischung aus Zuckerwatte und Popcorn.

Ab und an sind sie dann ganz besonders lustig bei Bayern 3. Beispielsweise montags. Da spielen sie mit besonderer Vorliebe *I Don't Like Mondays*. Und geben damit die gefühlte Bankrotterklärung einer ganzen Generation ab. Sie denken dort offensichtlich (und vielleicht ist es ja auch so), dass wir so verblödet und abgestumpft sind, auf diesen vermeintlichen Joke anzuspringen. „I Don't Like Mondays", an einem Montag, Sie verstehen schon, höhö. Was ja auch irgendwie zu dieser Wochenend-Fixiertheit unserer abgestumpften Generation passt. Wenn wir nur fürs Wochenende leben, dann müssen wir konsequenterweise Montage doof finden.

Dabei wäre hinhören eine gute Idee gewesen, sowohl für die Musikredaktion als auch für uns, die wir uns da hirnbefreit berieseln lassen. „I Don't Like Mondays" erzählt nämlich ganz und gar nichts Lustiges. Sondern die Geschichte einer jugendlichen Amokläuferin, die in den 70er Jahren an einer Schule Schüsse abgab. Nach den Motiven gefragt, antwortete sie: „I don´t like mondays." Was wir und Bayern 3 und ungezählte andere Dudelwellen daraus machen ist: Na, mögen Sie auch keine Montage? Da hätten wir was für Sie, hihi. Jedes Mal, wenn sie das am Montag spielen (und das machen sie seit vielen Jahren immer wieder), verspüre ich den Drang, sofort anzurufen und nachzufragen, welche Amöbe sich so was eigentlich ausdenkt.

*

Den Billy Idol habe ich mir jetzt jedenfalls auf eine Playlist bei Spotify gelegt. Spotify ist mein neues Bayern 3. Der Fundus besteht aus 18 Millionen Titeln, ich unterhalte mich mit meinen Freunden auf der Plattform über Musik, ich sehe, was sie hören, wir geben uns gegenseitig Tipps und Empfehlungen. Zwischendrin macht keiner flache Witze. Wie das Wetter ist, sehe ich beim Blick nach draußen.

Soll noch mal jemand sagen, früher wär alles besser gewesen.

Vielleicht lernt man ja sogar jede Menge zu diesem Früher-war-alles-besser-Thema, wenn man solche Sender hört (und Bayern 3 ist ja nur ein Synonym dafür). Nostalgie funktioniert wie Schokolade. Immer wieder mal in kleinen Dosen ist das ziemlich lecker und man möchte im ersten Reflex mehr davon, viel mehr. Danach stellt man allerdings fest, dass der Nährwert von Schokolade eher gering ist und dass man nicht so richtig satt wird von dem ganzen Kram. Und dass es irgendwann mal ansteht bis oben hin, selbst wenn man ein begeisterter und bekennender Schokoladen-Esser ist wie ich.

Um im Bild zu bleiben: Nein, früher war nicht alles besser und die Musik schon gleich gar nicht. Was man jetzt im Radio zu hören bekommt, ist ja nur so eine Art Dauer-Best-of. Was naturgemäß alles andere, was nur so mittelgut war, strikt ausblendet. Ich weiß, dass Best-of-Alben immer noch sehr populär sind, aber sie sind eben alles andere als repräsentativ und sie lassen im Regelfall das aus, was ein paar Ecken und Kanten hat. Am Ende bleibt ein geschöntes Abbild der Realität, das in etwa so treffend ist wie ein retuschiertes Titelfoto auf einer Fernsehzeitschrift.

Jedenfalls, früher ist mindestens so viel Schrott produziert worden wie heute. Was ein beruhigendes Gefühl ist: Würde man tatsächlich an den ganzen Schmarrn glauben, dass früher fast alles besser war – es würde bedeuten, dass wir unsere besten Zeiten schon hinter uns und den Tiefpunkt noch lange nicht erreicht haben. Sehen wir es also, wie es ist: „Unsere" Zeiten waren weder besser noch schlechter als die heutigen – sie sind/waren nur anders.

Und wenn sie das jetzt noch irgendwann mal bei Bayern 3 kapieren, dann kann man auch wieder Radio hören.

13

Musik: Das war wenigstens noch handgemacht!

Mit Musik ist es ja ohnehin so wie mit allem, was wir in den Vierzigern rückblickend betrachten: Selbstverständlich war früher alles besser und ebenso selbstverständlich ist das ein Thema, bei dem sich die wunderbarsten Phrasen sammeln lassen. Solche wie: So was gibt's ja heute gar nicht mehr! Das war wenigstens noch handgemacht! Die konnten noch spielen! Wenn man realistisch ist und sich das ganze Zeug von damals noch mal anhört, wird man allerdings zugestehen müssen, dass es sich auch dabei häufig um nostalgische Verklärung handelt. Ich fand ja die Neue Deutsche Welle und den ganzen anderen Kram aus den 80ern damals auch ganz lustig. Aber dass es so etwas Großartiges nur einmal und danach nie wieder gegeben hätte, ließe sich nun beim besten Willen nicht behaupten. Es schadet generell nicht, sich Musik von früher anzuhören und vorher die rosa Brille und den rosa Kopfhörer abzunehmen. Ohne ein gewisses Maß an Verklärung hört sich manches dann gleich ein bisschen anders an. Nicht unbedingt besser, zugegeben, aber es erhellt ungemein.

Aber zumindest eines hat sich ganz sicher verändert – und ob man das unbedingt großartig finden muss, sei dahingestellt: Musik war früher so wie unser ganzes Leben damals, nämlich kompakt, überschaubar, übersichtlich. Eine Single hatte eine A- und eine B-Seite, wenn es sich nicht gerade um eine der seltenen Double-A-Singles handelte, bei denen Künstler signalisieren wollten, dass beide Songs gleich gut und gleich gewichtig sind. Eine B-Seite gab es trotzdem, das war quasi systemimmanent. Ein Album hatte ebenfalls eine A- und eine B-Seite und eine Seite dauerte nicht sehr viel länger als 20 Minuten. In den 80ern gab es dann die ersten Ansätze, Musik etwas wuchtiger und größer zu machen. Die nicht ganz so Coolen unter uns nannten das „Maxi-Singles", die Cooleren wussten hingegen, dass es sich hierbei in Wirklichkeit um 12-Inches handelt. Die Maxi-12-Inches folgten meistens einem simplen Prinzip: Die ganz normale Single-Länge wurde auf sieben oder acht Minuten aufgeblasen, was manchmal gut ging und in den schlechteren Fällen wenigstens aufzeigte, dass manche Songs mit drei Minuten gut bedient sind und keinesfalls länger sein sollten.

Aber auf die Idee, Titel zu skippen oder zu shuffeln wäre damals niemand gekommen. Schon alleine deswegen nicht, weil das technisch gar nicht möglich gewesen wäre. Es war ja schon ein Aufwand, den Tonarm zu heben oder vorzuspulen, wenn man mal einen Titel auslassen wollte. Deswegen hörten wir uns unsere Platten und Kassetten auch sehr viel gründlicher an, als wir das heute tun. Bei acht oder neun Titeln eines Albums wusste man als interessierter Musikhörer auch schnell, wie diese acht oder neun Titel hießen. Wir konnten dann präzise Diskussionen auf Schulhöfen, in Mensen oder mit den lieben Kollegen führen, weil unsere musikalische Welt ein Album war. Das Album als solches war Statussymbol: Haste das? Ich zögere ja noch, Ihnen dieses gruselige Geständnis zu machen. Aber bei uns auf dem Schulhof war das „Gone to Earth" von Barclay James Harvest. Das musste man haben und man musste es gut finden, selbst wenn es scheußlich war. Erste Erfahrungen mit dem Thema Gruppendynamik: Ich fürchte, ich bin heute noch traumatisiert davon.

Heute hören wir natürlich immer noch Musik. Nicht mehr so exzessiv wie früher, schon klar. Und auch nicht mehr „Gone to Earth" (irgendwie muss man ja im steigenden Alter wenigstens ein bisschen gescheiter werden). Aber leider: auch nicht mehr in Alben. Das Album ist ziemlich tot in Zeiten, in denen man sich digital ungefähr alles geben kann. Ich weiß, wie verdattert ich war, als ich das erste Mal mit meinem Lieblings-Musikfreund Festplatten getauscht habe. Danach hatte ich ungefähr 200.000 neue Titel. In dem Zusammenhang noch ein Geständnis, lieber Freund K.: Ich hab's nicht geschafft, alle 200.000 zu hören, bin mir aber angesichts Deines erlesenen Geschmacks sicher, dass sie bestimmt toll sind. Vielleicht hole ich es nach, wenn ich in Rente gehe. Schon damals kam ich mir vor wie jener Esel, der angeblich vor einer riesigen Auswahl von Heuhaufen verhungerte, weil er nicht wusste, für welchen er sich entscheiden soll. Als ich die 200.000 Titel auf meiner Festplatte hatte, wusste ich, was mit dieser Parabel gemeint ist.

Auf der anderen Seite sind 200.000 nicht gehörte Titel in der heutigen Zeit eine Bagatelle, eine echte Nichtigkeit. Freund K. beispielsweise hat sich unlängst eine Playlist bei iTunes mit allen bisher ungehörten Titeln angelegt. Er kam auf ein nach eigener Aussage „verblüffendes Ergebnis". Bei Spotify hat jetzt jemand ein Projekt namens „Forgotify" veröffentlicht. Darin sind alle Titel enthalten, die noch nicht einmal, wirklich noch kein einziges Mal abgespielt wurden. Diese Sammlung umfasst rund vier Millionen Stücke. Vier Millionen. Noch nie gehört. Das ist irgendwie beruhigend, weil man eine Ahnung bekommt, dass dieses latente Gefühl der Überforderung keine Sache ist, die man exklusiv hat. Offensichtlich gibt es schlichtweg zu viel Musik auf der Welt. Und vermutlich auch zu viele Bücher, zu viele Webseiten, zu viel Fernsehen, zu viel alles.

Was wiederum schade ist. Musik und Bücher und Zeitungen, all dieser Kram, mit dem wir damals in aus heutiger Sicht gesehen skandalöser Verknappung aufgewachsen sind, das alles hat durch diese Hyperinflation erheblich an Wert verloren. Deswegen ist die Playlist auch die neue CD bzw. das neue Album geworden. Alben hören, wenn man von Spotify und von iTunes und von den ungezählten Freunden aus den diversen

Netzwerken mit ständig neuem und unbedingt hörenswertem Material befeuert wird? Das wäre ein ziemlicher Luxus. Zumal es ja die B-Seite eh nicht mehr gibt, was die Katalogisierung von Musikstücken zusätzlich erschwert. Zweite Seite, drittes Lied, das existiert nicht mehr. Sagt man jetzt stattdessen „der neunte Titel des Albums", wenn man nicht mehr weiß, wie er heißt oder man sich mit einem Gesprächspartner auf einen gemeinsamen Nenner verständigen will? „Der neunte Titel", das geht ja gar nicht, zumal kein Mensch so denkt oder zählt. Das Zählen hat seinen Wert verloren bei alleine vier Millionen ungehörten Stücken bei Spotify.

Aber es ist ja nicht nur die ständige Verfügbarkeit von gefühlten Unmengen, die das Musikhören, und das war ja mal ein ganz beträchtlicher Bestandteil unseres Lebens, irgendwie schwieriger gemacht hat. Oder besser gesagt: reizloser. Was fehlt, ist das einmalige Flair, das sich früher zwangsläufig eingestellt hat, wenn man auf Musiksuche ging; am besten im Übrigen im einzigen Plattenladen in irgendeiner öden und hässlichen Kleinstadt. Der war selbstverständlich ausgesprochen schlecht sortiert, gemessen an den heutigen Möglichkeiten würde man sogar sagen: skandalös schlecht. Dass Musik mal so viel kostete, dass man für ein einziges, klitzekleines Album so viel bezahlte wie heute für einen ganzen Monat eines Spotify-Premium-Accounts, machte die Sache zwar schwieriger, aber auch reizvoller. Wenn in so einem Schüler-Studenten-Azubi-Budget halt nur ein oder zwei Alben pro Monat unterzubringen waren, dann überlegte man sich sehr genau, was man mit nach Hause nahm. Man muss sich das in heutigen Dimensionen mal vorstellen: ein oder zwei Alben. Im Monat. Ich weiß noch, dass ich geplatzt bin vor Stolz, als ich als 16-Jähriger 100 Alben zu Hause stehen hatte, genau hundert. 100. Das sind umgerechnet, wenn wir von durchschnittlich zehn Titeln pro Album ausgehen, gerade mal 1.000 Musikstücke, die ich damals zu Hause hatte, zugegeben, Kassetten nicht eingerechnet. Und ich galt damals als vergleichsweise gut sortiert.

Man kann es auch umgekehrt sehen, will man sich die Dimension klarmachen: Stellen Sie sich bitte vor, Sie hätten einen Account bei „Spotify" – und dürften sich für den monatlichen Beitrag immer genau ein neues Album anhören.

Man kann sich angesichts dessen leicht ausrechnen, dass wir damals jedes einzelne Musikstück seziert haben. Ich traue mich sogar, zu behaupten, dass ich jedes dieser ungefähr tausend verfügbaren Musikstücke kannte und jedes mehrfach gehört habe. Musik nicht zu hören? Das wäre uns damals wie eine gigantische Verschwendung vorgekommen. Ungefähr so, als würde man Essen wegwerfen. Das geht einfach nicht.

Musik heute, das ist für uns inzwischen zu einem flüchtigen Erlebnis geworden. Was leider, ohne jetzt pathetisch werden zu wollen, so sinnbildlich für unser ganzes Leben im digitalen Zeitalter geworden ist. Offen ist, ob wir es mit unseren analog geprägten und zunehmend weniger leistungsfähigen Hirnen einfach nicht mehr auf die Reihe kriegen. Oder ob der digitale Überfluss generell eine Dimension angenommen hat, die Menschen mit halbwegs normalen kognitiven Fähigkeiten schlichtweg überfordert. Letztlich ist die Ursache dafür allerdings egal, wir stellen einfach nur fest, dass wir Dinge erheblich flüchtiger konsumieren als früher – irgendeinen Vorteil muss dieses „Wir hatten ja nichts!" auch haben. Aber wenn man eben nur 1.000 Musikstücke zur Auswahl hat, hört man die gründlich. Wenn man nur ein paar Bücher hat, liest man sie mit Genuss. Und wenn es Nachrichten nur zwei oder dreimal am Tag gibt, liest und sieht man sie mit Hirn und Verstand. Inzwischen allerdings haben wir die Auswahl aus ca. 20 Millionen Musiktiteln, unzähligen Videos und Filmen, so vielen Büchern, dass wir schon heute wissen, nur einen winzigen Bruchteil dessen zu schaffen. Und Nachrichten, die darf man heute ja schon gar nicht mehr so nennen. Irgendwo ist immer auf einer Webseite oder einem Sender irgendwas los, was ganz aufgeregt vermeldet wird. Wer heute noch glaubt, dass er tatsächlich „informiert" ist, weil er sich tagsüber auf dem Laufenden halten lässt, unterliegt einem Trugschluss. Tatsächlich bekommt er irgendwelche Nachrichtenfetzen hinterhergeworfen. So wie man sich inzwischen auch durch Musik ewig lange berieseln lassen kann und in jedes Buch mal reinschnuppern kann. Am Ende bleibt das schale Gefühl, weniger gelesen, gehört und gelernt zu haben als je zuvor. Man fühlt sich dann wie jemand, der Durst hat, aus dem Gartenschlauch trinken will – und hinterher feststellt, dass er zwar patschnass ist, der Durst aber immer noch nicht gelöscht.

Natürlich, wir wollen es ja nicht anders. Wir wollen bei allem nostalgiegeschwängerten Kram nicht, dass man uns unser komfortables Leben wieder wegnimmt. Wir würden ganz schön dumm schauen, nähme man uns unser iTunes und unser Spotify wieder weg und gäbe uns stattdessen unsere 100 Langspielplatten zurück. Genauso, wie wir jammern würden, hätten wir keine Handys und Computer mehr und ein Internet schon gleich gar nicht. In der Hinsicht sind wir wie die Frau des Fischers im gleichnamigen Märchen, die am Ende doch wieder in ihrer alten Fischerhütte sitzt. Klar, ab und an schwärmen wir davon, wie kuschelig, romantisch und abenteuerlich es in unseren kleinen Fischerhütten früher war.

Aber zurückwollen? Ach nö, danke. Das passt schon so.

14

Risiko: Wir bleiben dann mal lieber da

Eigentlich sollte es ja jetzt auch wieder genug sein mit der Bayern 3- und Medienschelte. Schon alleine deswegen, weil es so wichtig ja nun auch wieder nicht ist für unser Leben, was so eine kleine Popwelle den ganzen Tag vor sich hindudelt, auch wenn sie sich bei diesen kleinen Popwellen gerne mal sehr wichtig nehmen.

Aber es gibt noch einen anderen Aspekt, den man erkennt, wenn man Bayern 3 und all die anderen hört: Die Musikauswahl, das streitet kein Sender ab, orientiert sich strikt und gnadenlos an dem, was die Hörer hören wollen. Was der Hörer hören will, ist mittlerweile wie so vieles in unserem Leben genauestens erforscht. Man will ja kein Risiko eingehen, was im Übrigen ziemlich schade ist. Immer, wenn ich Dudelwellen, Privat-TV oder Zeitschriften zu mir nehme, dann denke ich mir, dass das Leben gar nicht so schlecht war, als die alle noch ein bisschen Risiko eingehen mussten, weil sie ja bei weitem nicht so viel Ahnung von dem hatten, was wir wollen. Überraschungen bleiben jedenfalls inzwischen aus – und irgendwie scheint sich der überaus platte Spruch „no risk, no fun" auch hier zu bewahrheiten.

Aber was beschweren wir uns? Solche Sender und Blätter und überhaupt das ganze Leben werden ja mehrheitlich von Menschen unseres Alters bestimmt. Und die kommen aus einer Zeit, als Wim Thoelke noch bedeutungsschwanger „Rrrrrriiiiissssiiiikkoooooo" sagte und man dann wusste, dass ein Kandidat beim „Großen Preis" um Summen zocken würde, die angesichts der heutigen Millionen-Shows albern wirken. Das Risiko ist nicht gerade das, was man uns beigebracht hat. Den Satz „no risk, no fun" kannte man damals noch nicht. Und wenn ihn jemand gesagt hätte, er wäre vermutlich darüber belehrt worden, wie unsinnig das sei.

Aber das muss man verstehen, wenn auch vielleicht erst rückblickend. Bis vor wenigen Jahren sagte mir mein Geburtsjahr noch nicht viel, weil ich zeitliche Dimensionen nicht einschätzen konnte. Heute hat man dafür eher Relationen, weil man weiß, wie wenig 25 Jahre sind. 25 Jahre, das ist die Zeitspanne, die vergangen ist, seit die DDR allmählich ihrem Ende entgegentrudelte. Das ist auf der einen Seite schon lange, weil beispielsweise meine Kinder die DDR und all die Geschichten drum herum nur noch aus Geschichtsbüchern kennen. Als ich 2013 zum ersten Mal mit ihnen in Berlin war, hatte ich Mühe, ihnen zu erklären, dass da, wo wir jetzt gerade entlang gehen, mal eine Mauer stand, an der geschossen wurde. Eine

Mauer, die die Welt in zwei Teile teilte. Trotzdem erinnern wir uns vermutlich alle daran, wo wir waren im November 1989. Und auch, wenn das heute schon ein Fall für die Geschichtsschreibung ist: Für uns ist das noch ziemlich gegenwärtig. Wie soll etwas Geschichte sein, was wir noch höchst lebendig in Erinnerung haben? Geschichte soll etwas sein, wo wir dabei waren? Das widerspricht zum einen vermutlich dem eigenen Verständnis von Geschichte. Und zum anderen würden wir uns noch älter fühlen als wir sind, wenn wir uns und anderen gegenüber einräumen müssten, bei geschichtlichen Ereignissen dabei gewesen zu sein.

Unsere Großväter, ja, die waren dabei. Beispielsweise im Zweiten Weltkrieg. Und von dem konnten sie dann auch erzählen und wir glaubten ihnen das und waren nicht verwundert.

Opa war schließlich – alt.

Irgendwann habe ich dann noch mal nachgedacht über diese Zeitspannen von 20 oder 25 Jahren. Ich bin Jahrgang 1965. Die Distanz zum Ende des Zweiten Weltkriegs ist also demnach kürzer als die Distanz, die seit dem Ende der DDR und dem Erscheinen dieses Buchs vergangen ist. Nebenbei bemerkt ist es übrigens seitdem wesentlich leichter, gegenüber jüngeren Menschen mein Alter zu gestehen, als sagen zu müssen: Ich bin 20 Jahre nach dem Ende des Zweiten Weltkriegs geboren.

Dieser zugegeben etwas schräge Rechenweg ist trotzdem eine gute Erklärung dafür, warum wir so risikolos erzogen worden sind. Es ist (das meine ich tatsächlich ernst) kein Wunder, wenn man Eltern und Großeltern hat, die nichts hatten. Die ständig in der Angst leben mussten, dass alles, was man sich erarbeitet hat, irgendwann mal wieder weg ist. Eine meiner Großmütter beispielsweise war, soweit ich das weiß, vor Kriegszeiten eine durchaus wohlhabende Frau. Im Krieg und danach verlor sie alles, musste sich und ihr Leben danach wieder mühsam aufbauen – und blieb vermutlich bis an das Ende ihrer Tage von der Angst besessen, dass irgendwann wieder ein Krieg oder ein Hitler oder beides kommt und dann alles wieder weg ist. Wenn das ganze Leben aus Risiko und Angst bestand, ist es vermutlich kaum zu erwarten, dass so jemand seinen Kindern sagt: Nun geht mal ein bisschen Risiko, erst dann kommt der Spaß dazu! Risiken hatte diese Generation jede Menge, Spaß eher weniger.

Hätte man also jemandem aus dieser Generation ernsthaft „no risk, no fun" als Lebensdevise empfohlen, er hätte das als puren Zynismus empfunden. Man kann also sagen, dass „no risk, no fun" eine Haltung ist, die den heutigen Luxuszeiten entsprungen ist und die man sich erst mal leisten können muss. Seit mir klar ist, dass ich 20 Jahre nach dem Ende des Zweiten Weltkriegs geboren bin, dämmert mir manches von dem, was und warum ich es als Jugendlicher noch schlichtweg unerträglich fand.

Wir kommen also aus einer Zeit, die für die Generation Y heute ungefähr so weit weg ist wie für uns das Dritte Reich. Aus einer Zeit, die von einem fast schon wieder rührenden Biedersinn geprägt war. In der es auch kein „Wir sind wieder wer!" gab, sondern eher eine bräsige Zufriedenheit damit, dass wir überhaupt noch da sind und dass es alles gab, was man glaubte zu brauchen. Ein kleines Häuschen, ein Auto, einmal im Jahr Urlaub in der Sonne oder auf dem Campingplatz, ein Fernseher.

Zumindest im gut situierten Westen wollte man zu der Zeit überwiegend nur eines: dass alles so bleibt, wie es ist. Dass die Wirtschaft weiter boomen und aus dem Wirtschaftswunder ein großartiger Alltag werden sollte. Mit der Betonung auf Alltag. Berechenbarkeit, Erwartbarkeit, das waren große Werte damals. Wenn man gerade mal zwei Jahrzehnte nach einem desaströsen Krieg und dem Zusammenbruch eines ganzen Landes groß wird, dann ist es kein großes Wunder, dass der Begriff „Risiko" für Menschen dieser Generation nicht sonderlich positiv behaftet war. „Risiko" hatten sie schließlich genug gehabt und wohin das führen kann, hatten sie auch noch frisch in Erinnerung.

Dass dem im Osten mangels Wirtschaftswunder und der konsequenten Fortführung eines autoritären Staatsmodells nicht so war, leuchtet mir ein. Aber nachdem ich nicht dabei war, fällt es mir auch schwer, darüber ein Urteil zu fällen. Es gehört vermutlich ohnehin zu den Besonderheiten unserer Generation, über den jeweils anderen Teil Deutschlands nicht sehr viel gewusst zu haben. Von der DDR wusste ich, dass sie existierte und irgendwie böse war. Mehr nicht.

Im Westen jedenfalls waren die 70er Jahre die vermutlich ruhigsten der Geschichte der Bundesrepublik, zumindest bis an das Ende des Jahrzehnts, als auch die westeuropäischen Wohlstandsgesellschaften einen Eindruck davon bekamen, dass es nicht ewig so weitergehen würde. Die größten Probleme damals, soweit ich mich erinnern kann: dass Benzin und Zigaretten immer teurer wurden.

Was wir also von unseren Eltern und Großeltern mitbekommen haben, war denkbar einfach. Anständig sein, Schule und Ausbildung machen und dann zusehen, dass man einen Job bekommt, den man möglichst sein ganzes Leben machen kann. Eine Urkunde für 25-jährige Betriebszugehörigkeit war damals noch eine echte Auszeichnung. Wer sie heute bekommt, hat eine Ahnung, dass irgendwas schiefgelaufen sein könnte im Leben.

Unsere Generation lebt gerne ein bisschen risikolos. Vermutlich war sie es, die den Begriff „Vollkasko-Mentalität" erfunden hat. Oder die erste, auf die er in vollem Umfang zutrifft. Wir versichern uns gerne gegen alles und jeden, unsere Generation hat den Versuch perfektioniert, alle Eventualitäten im Leben auszuschließen. Wir haben Versicherungen gegen Krankheiten, gegen Wasserschäden, für unsere Hunde und sogar welche für den Fall des Ablebens. Was besonders schön den Widersinn unserer Generation zum Ausdruck bringt: Wir neigen ein wenig dazu, alles in Versicherungspolicen zu packen. Sogar unseren eigenen Tod. Nicht, dass die Hinterbliebenen dann plötzlich etwas blöd dastehen könnten. Uns ist klar, dass man nicht alles im Leben berechnen und voraussehen kann. Für alles andere haben wir aber gottlob unsere Versicherungen.

Vermutlich ist es genau das, was uns in diesem Alter häufig ein böses Erwachen beschert. Man stellt dann fest, dass man sich ganz fantastisch gegen Autounfälle, Krankheiten, schlecht erzogene Hunde, Wasserschäden und schiefgelaufene Schönheitsoperationen versichern kann. Gegen die Schiffbrüche, die man in diesen Jahren so erleidet, gibt es bisher aber noch keine Versicherungen: Versicherungen gegen gescheiterte Beziehungen oder ernsthafte Sinnkrisen existieren noch nicht, auch wenn unsere Versicherungsgeneration das gerne gehabt hätte.

Und natürlich ahnen wir, dass es dieses ganz risikobefreite Leben, zu dem man uns anhalten wollte, gar nicht gibt. Man ahnt, dass man theoretisch heute auf die Straße gehen, auf einer Bananenschale ausrutschen und sich das Hirn aufschlagen kann. Da hilft dann nicht mal mehr eine Bananenschalen-Haftpflicht-Versicherung. Und man stellt sich die Frage, ob man angesichts dessen nicht einfach ein bisschen mehr Spaß im Leben haben und Geld auch mal sinnlos verpulvern sollte, anstatt es für eine Bananenschalen-Haftpflicht-Versicherung auszugeben. Man könnte überhaupt ein bisschen mehr an das Jetzt und Hier denken als an die Altersvorsorge. Man könnte, man sollte, man müsste – das sind die Begrifflichkeiten, in denen man in den Vierzigern irgendwann gerne mal denkt. „Man müsste eigentlich" ist das Satzfragment, das unser Alter am besten wiederspiegelt.

Das erklärt vermutlich auch unsere Faszination für Menschen und ihre Geschichten, die im Wesentlichen daraus bestehen, dass jemand nicht sagt, dass man an sich müsste. Sondern einfach macht. In unserem Alter lesen wir gerne Biografien wie die des *Apple*-Gründers Steve Jobs, der einfach mal gemacht hat und sein ganzes PR-Genie auch dadurch unter Beweis gestellt hat, indem er großartige Reden über das Leben gehalten hat. Oder schöne, einprägsame Formeln prägte. Wie die, dass man sich morgens im Spiegel anschauen und sich fragen solle, ob das, was man gerade macht, auch das ist, was man wirklich tun möchte. Wenn als Antwort dann ein „Eigentlich eher nicht" rauskomme, dann solle man schnellstmöglich etwas ändern.

Soweit die schöne Theorie. Leider sind nicht allzu viele vom Schlage eines Steve Jobs unter uns. Und dass man mal eben beschließt, sein Leben über den Haufen zu werfen, klingt zwar durchaus verlockend und liest sich in Biografien oder anderen Heldensagen ganz prima. In der Praxis stehen dann aber gerne mal ein nicht abbezahltes Haus, nicht erwachsene Kinder und ein nicht ganz einverstandener Ehepartner dem entgegen. Ach ja, und der Mumm, den man vielleicht dann doch nicht hat. Kann also gut sein, dass nicht wenige Menschen unseres Alters morgens vor dem Spiegel stehen, feststellen, dass das, was sie momentan tun, nicht das ist, was sie eigentlich wollten – und dann trotzdem weitermachen wie bisher.

Immerhin weiß man ja bei solchen Radikalveränderungen nie so genau, was danach kommt. Und dass Risiko immer auch bedeutet, dass man krachend scheitern kann, führt man sich in solchen Momenten, in denen es ernst werden könnte, auch gerne mal wieder vor Augen. Dann lieber den Spatz in der Hand als die Taube auf dem Dach. Noch so ein Satz, den wir in den kuscheligen Wohlfühlrepubliken des Westens in den 70er und 80er Jahren immer wieder mal gehört haben. Noch dazu, wo es sich dabei um eine Zeit handelt, in der man nicht mal ahnen konnte, dass es einen Begriff wie Globalisierung jemals geben würde.

Globalisierung, das würde bedeuten: raus in die Welt, schauen, wie die Menschen woanders leben, für einen längeren Zeitraum einfach mal nahezu alle Bindungen nach Hause kappen. Für die uns nachfolgenden Generationen ist das auch schon zu einer Selbstverständlichkeit geworden. Niemand wundert sich mehr, wenn ein 18-Jähriger für ein Jahr ins Ausland geht. Studenten sind mittlerweile sogar dazu angehalten, ein Semester außerhalb der kuscheligen Heimat zu verbringen. Wer heute „Auslandsaufenthalt" in seinen Lebenslauf schreibt, ist bei Bewerbungen kein Exot mehr, sondern möglicherweise nur noch einer von sehr vielen.

Wir hingegen, wir sind da anders aufgewachsen. Ausland als Abenteuer, das schon alleine dadurch abenteuerlich wurde, wenn wir an einem Schlagbaum standen oder irgendwie fremdartiges Geld in die Hand nahmen. Heute machen sie Auslandspraktika in Singapur oder Australien. Und wir merken mal wieder, wie klein unsere risikobefreite Welt noch immer ist.

15

Türen – und die Einsicht, dass sich manche für immer schließen

Zumal das ja auch gar nicht so einfach ist mit dem „zurückwollen". Was man in unserem Alter ebenfalls irgendwann lernt, lernen muss: Die meisten Wege führen nicht zurück und manche führen überhaupt nirgendwo mehr hin.

Es gibt da einen Satz, den ich früher mal wenigstens ganz o.k. fand. Heute halte ich ihn für grauenvoll falsch. Was nichts mit seinem Inhalt zu tun hat, sondern nur mit der veränderten Sichtweise. Oder noch genauer: mit einer Sichtweise, die sich durch das Alter zwangsweise verschoben hat.

Der Satz, um den es geht: *Immer, wenn sich eine Tür schließt, geht woanders eine neue auf.* Das ist einer dieser Kalendersprüche, von denen man weiß, dass es sich natürlich um einen Kalenderspruch handelt, der aber dennoch, trotz seiner Kalendersprüchigkeit, wenigstens einen mittelgroßen wahren Kern hat. Über lange Jahre konnte man sich damit ja auch ganz gut trösten, wenn mal wieder irgendwas schiefgegangen war, eine Beziehung scheiterte, man einen neuen Job suchen musste. Wird schon wieder was kommen. Wir sind ja noch jung. Wir haben eine Zukunft und überhaupt, die besten Jahre kommen ja noch. Deswegen ist es zwangsläufig, dass irgendwo und irgendwann wieder eine neue Tür aufgeht. Logisch gedacht, geht das auch gar nicht anders: Wenn irgendwann mal gar keine Tür mehr aufginge, wäre das Leben ja zu Ende. Und mit 30 ist kein Leben zu Ende. Zumindest nicht so, als dass man nicht doch noch ein kleines Türchen finden würde, durch das man irgendwohin schlüpfen könnte. Also, kurz zusammengefasst: Der Spruch ist ein bisschen platt, dennoch aber nicht unwahr. Tröstlich zudem, schließlich kann man ja schlecht bestreiten, dass es im Leben vor zugeschlagenen Türen nur so wimmelt.

Trotzdem kommen wir leider in der Mitte unseres Lebens zu der schmerzhaften Einsicht, dass es zwar immer noch genug Türen gibt, die zugehen, dass aber leider auf der anderen Seite nicht die Rede davon sein kann, dass zwangsläufig sofort wieder eine neue aufgeht. Nicht sofort, nicht später – und manchmal auch gar nicht mehr. Irgendwann, als ich so Anfang, Mitte 40 war, da habe ich mir mal spaßeshalber überlegt, wie es wohl wäre, wenn ich mich jetzt auf die Suche nach einem neuen Job machen würde. Die ebenso schnelle wie erschütternde Erkenntnis: hat sich was mit den Türen, die irgendwo schon aufgehen werden. Mit 45 gilt man auf dem Arbeitsmarkt als schwer vermittelbar. Wenn man also nicht gerade Beamter oder

Vorstand ist, die bei jeder Entlassung noch ein paar Millionen hinterhergeworfen bekommen, sollte man sich mit 45 ganz gut überlegen, ob man sich jetzt noch mal einen neuen Job sucht. Könnte nämlich gut sein, dass sämtliche Türen geschlossen bleiben, allen Kalendersprüchen zum Trotz.

Es ist, nebenher bemerkt, schon eine ziemlich erschütternde Erkenntnis, wenn man diesen Stempel bekommt: schwer vermittelbar. Das klingt ein bisschen nach Behinderung oder nach latenter Unbrauchbarkeit. Das steht in einem heftigen Widerspruch zu dem, wie wir uns selbst in diesen Jahren fühlen. Sind wir nicht gerade in der Blüte unseres Lebens? Zugegeben, mit ein paar Schrammen und Macken, aber dafür dem ganzen Junggemüse aufgrund unserer überragenden Lebenserfahrung weit überlegen. Und dann kommt da jemand und sagt: schwer vermittelbar!? Vor dem geistigen Auge darf man da schon mal einen Stinkefinger recken und sich Dinge denken, die man aus juristischen Gründen besser hier nicht niederschreibt.

Man sollte sich also keine Illusionen machen: Mit Mitte 40 gibt es mehr und mehr Türen, die sich für immer schließen. Oder wenigstens: kaum mehr aufzukriegen sind, wenn sie erstmal zufallen. Wer mit 45 oder 50 noch immer oder schon wieder alleine ist, wird es schwerer als mit 20 haben, mal eben wieder eine neue Beziehung aufzubauen. Es ist ja nicht nur so, dass man mit 45 nicht mehr aussieht wie mit 25 und man mit einigem Recht von Menschen dieses Alters als „alt" bezeichnet wird. Man gewöhnt sich seine Macken auch nicht mehr so leicht ab. Das wird es nicht gerade einfacher machen, wenn man sich noch mal an einem neuen Liebesglück versuchen will. Es sei denn, es finden sich zwei Menschen zusammen, die beide ihre Macken haben und ganz einfach akzeptieren, dass sie der andere auch hat. Das aber ist zumeist leichter gesagt als getan, weswegen man zumindest feststellen kann, dass es mit 25 sehr viel leichter ist, sich in ein neues Abenteuer zu stürzen.

Natürlich kann man mit 40 auch noch Marathon laufen, wie wir im Verlauf dieses Buchs bereits gelernt haben. Man kann zudem ganz passabel Tennis spielen oder Fußball, aber man wird nie wieder so gut sein wie früher, da kann man an Türen glauben so viel wie man will.

Glaube ist im Übrigen nichts gegen Wissen(schaft). Die Wissenschaft kennt keinen einzigen Parameter, der in unserem Alter noch oder wieder aufwärts weist. In jedem Alter kann man sich mit wissenschaftlichen Erkenntnissen einreden, dass es jetzt aber ordentlich aufwärts gehe mit irgendwas. Bei uns ist das anders. Da gibt es nichts, mit dem es aufwärts geht. Wir sind ja schon froh, wenn es nicht schlechter wird. Bis irgendwas wieder besser wird, das dauert noch ein bisschen. Mit 60 fängt man dann angeblich wenigstens wieder an, gelassener zu werden. Wenn man spöttisch wäre, könnte man sagen: weil es dann eh wurscht ist. Wir aber stecken immer noch in diesem „Das-kann-doch-noch-nicht-alles-gewesen-sein!"-Alter, in dem man sich gegen die Mächte der Natur irgendwie noch aufzubäumen versucht.

Das aber ist vermutlich das Schwierigste in unserem Alter: zu akzeptieren, dass manche Türen jetzt eben doch für immer verschlossen sind. Dass wir kaputte Ehen nicht mehr kitten können. Dass wir das, was wir möglicherweise bei unseren Kindern versäumt haben, nicht mehr einfach wieder gutmachen können. Und wenn wir erst gar keine haben, dann wird sich daran jetzt vermutlich auch nichts mehr ändern.

Natürlich würden wir gerne die eine oder andere Entscheidung unseres Lebens wieder revidieren, und nicht ganz wenige Leidensgenossen stellen in diesen Jahren fest, dass sie sich womöglich nicht mal für den richtigen Beruf entschieden haben und lieber etwas ganz was anderes machen würden, als den ganzen Tag im Kurzarmhemd oder im gedeckten Kostümchen in den Schalterhallen einer Bank rumzustehen. Doch, ja, natürlich gibt es diese Geschichten von diesen bewundernswerten Menschen, die Mitte 40 noch mal ihr ganzes Leben umschmeißen. Mit einer Radikalität, von der wir Normalsterbliche nur träumen können – und es meistens leider auch nur tun. Wir lesen zwar mit großer Begeisterung die Geschichten von den Menschen, die den Aus- und Aufbruch noch mal irgendwie hinbekommen haben.

16

Osten, Westen und ein bisschen Gehirnschwund

Wie aber soll eine kleine Welt plötzlich größer werden? Es ist ja nicht so, dass wir uns in vielen Jahren kein Weltbild aufgebaut hätten, ob wir das jetzt wollten oder nicht. Und dafür, ein Weltbild mal eben komplett zu ändern, dazu fühlen wir uns nicht nur zu alt, auch rein wissenschaftlich ist erwiesen, dass wir uns damit schwertun. Es gibt ja nicht nur eingefahrene Wege im Leben, sondern auch mindestens so eingespielte Denkschemata.

Wissenschaftler, man muss das an dieser Stelle immer wieder festhalten, sind selten nett. Zu uns schon gleich gar nicht. Wenn unsere Generation Gegenstand ihrer Untersuchungen ist, dann kommen einige Begriffe nahezu immer vor. Solche wie „Risiko" oder „sinkende Leistungsfähigkeit" oder „Gehirnschwund". Lauter so Zeugs eben. Als müsste man Wissenschaftler sein, um zu bemerken, dass wir schon mal bessere Tage gesehen haben. Das merken wir ganz von alleine, erst Jahr für Jahr, dann Monat für Monat – und inzwischen Tag für Tag. Der blöde Spruch, dass man, wenn einem in unserem Alter morgens nichts mehr wehtäte, vermutlich tot sein müsse, ist zwar tatsächlich blöd. Aber leider auch ziemlich wahr. Von Frauen heißt es übrigens, sie dankten dem Herrgott jeden Tag für die Erfindung des Make-ups. Die einen haben Schmerzen, die anderen kleistern sich das Gesicht zu – wir sind zu einer Schmerzensgeneration der Hilfsmittel geworden.

Schlimm genug also, dass kleine körperliche Zipperlein selbst dann unvermeidbar sind, wenn man jeden Tag die empfohlene Menge Wasser trinkt, viermal die Woche Sport macht und sich allmählich alles abgewöhnt, was irgendwie ungesund sein könnte. Während des Schreibens dieses Textes beispielsweise sitze ich mit einer Brille vor dem Bildschirm, was immer noch ungewohnt ist. Ich kann mich zwar damit trösten, 47 Jahre meines Lebens ohne eine solche Krücke ausgekommen zu sein, was dann schon wieder relativ lange ist. Weniger tröstlich ist die Tatsache, dass ich gerade mal ein Jahr nach dem Bezug meiner ersten Brille das bohrende Gefühl nicht loswerde, dass es schon wieder Zeit für ein neues, stärkeres Modell sein könnte.

Ein Hörgerät wäre ernsthaft auch eine Option, aber da ist die Eitelkeit dann doch noch stärker. Ein Hörgerät, das wäre die endgültige Kapitulation, die körperliche Bankrotterklärung, der ans Ohr getackerte Rentnerausweis. Ich weiß, diese Dinger sind inzwischen nahezu unsichtbar und auch sonst ganz chic und endlich mal wieder alles einwandfrei zu verstehen und nicht immer den Fernseher ziemlich laut drehen müssen, das wäre schon was Feines. Und ja, ich weiß auch, dass Hörgeräte nichts mehr mit diesen fleischfarbenen Monstern zu tun haben, wie sie beispielsweise mein Opa trug. Trotzdem: erst ein Hörgerät kaufen und dann irgendwann einen Seniorenteller bestellen, so geht das dann dahin. Nie im Leben! Oder, o.k.: Zumindest nicht in den nächsten ein bis zwei Jahren. Und der Tinnitus, jenes unangenehme Dauerpfeifen im Ohr, geht vom Hörgerät auch nicht weg. Dann lieber schlecht hören und gut ausschauen als umgekehrt.

Ganz eindeutig gehören allerdings auch die zunehmend nachlassenden Gehirnleistungen zu den unerfreulichen Begleiterscheinungen unseres Alters. Angeblich ist das Hirn mit 18 schon auf dem Zenit seiner Leistungsfähigkeit. Was erstaunlich ist, den Eindruck hatte ich angesichts der Dummheiten, die man in diesem Alter begeht, zu keiner Zeit. Mit 25 beginnt dann schon die Abwärtsbewegung. Und wenn man dann erst mal 40 ist, dann fällt es dem Gehirn immer schwerer, neue Informationen aufzunehmen und zu verarbeiten. Sagen Wissenschaftler. Ich erwähnte bereits, dass es tendenziell unangenehm wird, wenn sich Wissenschaftler mit unserer Altersgruppe beschäftigen.

Der Begriff Altersstarrsinn, den man ja kennt und über den man sich immer amüsiert hat, könnte also somit seine wissenschaftliche Erklärung gefunden haben. Das ist für uns potenziell Altersstarrsinnige auf der einen Seite eine gute Nachricht, weil wir damit eine gute Begründung dafür haben, wenn wir gerade mal ordentlich bocken. Wir würden ja gerne, aber wir können gar nicht anders. Auf der anderen Seite ist diese Nachricht nicht ganz so gut, weil es sich dabei offensichtlich um eine weitere Unausweichlichkeit handelt. Um eine weitere Sache, von der wir früher behauptet hätten, dass wir nie so werden wie Opa und Papa. So uneinsichtig, so störrisch.

*

Ich habe natürlich keinerlei Ahnung, ob die Sache mit dem Weltbild auch mit der nachlassenden Gehirntätigkeit zu tun hat. Oder ob man sich nicht einfach auf den Standpunkt stellt, dass dieses gefestigte Weltbild, das man in unserem Alter eben mal so hat, nicht einfach das Ergebnis von langjähriger Erfahrung und daraus resultierender zunehmender Weisheit ist. Ich fürchte aber, dass das nur die zweitbeste Begründung ist.

Unbeschadet dessen haben wir natürlich alle unser Weltbild. Das ist keine Sache, die wir exklusiv für uns haben, das geht vermutlich jeder Generation so. Bei uns ist allerdings das Problem, dass wir nicht einfach ein Weltbild haben, das während der vielen Jahre ab und an mal ein bisschen ins Wanken gekommen ist, ansonsten aber weitgehend stabil bleibt. Nein, wir haben es ja nicht unter ein bisschen Weltgeschichte machen können. An uns vorbeigezogen sind nicht einfach nur ein paar Kanzler, Präsidenten und Fußballspieler.

Stattdessen: Das Land, in dem wir geboren worden sind, existiert gar nicht mehr. Da macht es keinen Unterschied, ob man aus dem Westen oder dem Osten stammt, auch wenn man als oller Westler einräumen muss, dass von dem, was unseren Teil der geteilten Republik angeht, ein kleines bisschen mehr übrig geblieben ist als von der gründlich entsorgten DDR. Aber das ist ja auch gar nicht der Punkt. Entscheidender ist, dass alles das, was man uns beigebracht hat, in Trümmern liegt. Nachdem wir aufgeklärte Menschen sind, müsste uns das egal sein. Nein, eigentlich müssten wir sogar sagen: Oh, wie großartig! Neue Perspektiven, ein neues Land, die Überwindung der alten, sich feindselig gegenüberstehenden Blöcke. Das tun wir ja auch, aber eingestehen müssen wir andererseits auch, dass es vorher so schön einfach war. Der Feind steht generell immer im Osten und ist immer rot. Was auf der anderen Seite bewirkt, dass alles im Westen gut ist (falls Sie als Leser dieses Buches aus dem Osten stammen, denken Sie sich das bitte genau andersrum und suchen sie einen adäquaten Ersatz für die Farbe rot). Natürlich waren diese unsere Weltbilder von sagenhafter Schlichtheit, hatten aber den enormen Vorteil, dass man sie so schön leicht verstehen konnte. Vor allem dann, wenn man das Gefühl hatte, auf der *richtigen* Seite der Geschichte zu stehen.

Heute müssen wir zugestehen: Nichts ist mehr leicht zu verstehen. Vermutlich ist der fatale Mix aus ein paar weltgeschichtlichen Umwälzungen und unserer ohnehin nachlassenden Denkfähigkeit einfach ein bisschen zu viel für uns. Aber mittlerweile tun wir uns schwer, überhaupt noch irgendetwas zu verstehen. Der Osten gehört jetzt zu uns, dabei war dort doch noch vor gar nicht allzu langer Zeit alles Übel der Menschheit angesiedelt. Wenn wir irgendwo hinfahren in Europa, dann brauchen wir im Regelfall nicht mal mehr einen Ausweis und auch kein fremdes Geld. Und die Straßen an die Adria sind in einem weitaus besseren Zustand als die Straßen im Ruhrgebiet. Dabei hatten wir doch gelernt, dass der Südländer im Allgemeinen und der Italiener im Besonderen faul und schlampig ist und weitaus lieber in der Sonne liegt, als sich um den Zustand seiner Häuser und Straßen zu kümmern. Devisen können wir ihnen jetzt auch nicht mehr bringen, sie haben ja mittlerweile das gleiche Geld wie wir.

Ja, nicht mal mehr das ist uns geblieben: das Wissen vom reichen Westen und vom armen Osten. Im Ruhrgebiet gibt es inzwischen Arbeitslosenquoten in der Nähe der 25 Prozent und auch ansonsten nicht mehr viel, was noch wirklich funktioniert. Im Osten hingegen stehen sie an manchen Stellen schon ziemlich gut da. Wenn das so weitergeht, fahren die ersten Busse mit Elendstouristen von Leipzig nach Duisburg – und wenn sie zurückfahren, werden sie erzählen, dass es schon ganz schön schwer für die Menschen dort sei, mit denen man ganz bestimmt nicht tauschen wolle. Dann schicken sie noch ab und an ein paar Care-Pakete in den Westen, wollen aber ansonsten mit dem ganzen Elend dort nicht allzu viel zu tun haben.

Und das sollen wir alles noch verstehen, bei gleichzeitig zunehmendem Gehirnschwund?

Es gibt ja auch noch ein paar andere Sachen, an die wir uns gewöhnen mussten: Eine Frau beispielsweise kann nie Bundeskanzlerin sein. Das stand zu unseren Zeiten nicht zur Debatte. Ein Homosexueller als Außenminister und ein Amtsvorgänger, der zwar nicht schwul, aber dafür fünfmal verheiratet war – man erinnert sich zurück an Helmut Schmidt und Helmut Kohl und denkt sich, dass sich die Welt wirklich ganz schön geändert hat: Jeder darf inzwischen nahezu alles, was natürlich großartig ist, wenn es so viel persönliche und gesellschaftliche Freiheit gibt, ganz bestimmt. Man kann inzwischen mit Menschen aus der ganzen Welt am Computer kommunizieren und wenigstens mal im Ausland gelebt, gearbeitet oder studiert zu haben, gilt mittlerweile als unverzichtbar. Als ich ein Jugendlicher war, fand ich Urlaub in Italien oder Spanien schon reichlich abenteuerlich. Die Welt war ziemlich klein und im Rückblick exakt so sagenhaft spießig, wie wir es unseren Eltern und ihrer demnach noch sehr viel kleineren Welt vorgeworfen haben. Genau genommen war unsere Welt von sensationeller Langeweile damals. Weswegen wir jetzt so verwundert darüber sind, wie sich die aktuelle Generation Y benimmt: so ein bisschen arg zögerlich und sicherheitsbedürftig und ängstlich. Manchmal haben wir den Eindruck, dass die so sein wollen, wie wir es sein mussten. Das kann man als alter Knochen schlecht verstehen, weil wir ja wiederum vielleicht ganz froh gewesen wären, wenn man uns nicht in diesem kleinbürgerlichen Käfig eingesperrt hätte. Dann wäre ein etwas weniger kleinkariertes Weltbild herausgekommen.

Auf der anderen Seite: „Alles, was zwischen deinem 15. und 35. Lebensjahr erfunden wird, ist neu, aufregend und revolutionär und kann dir vielleicht zu einer beruflichen Laufbahn verhelfen. Alles, was nach deinem 35. Geburtstag erfunden wird, richtet sich gegen den natürlichen Lauf der Dinge", zitieren Johnny und Tanja Häusler in ihrem Buch „Netzgemüse" Douglas Adams. Das gilt wahrscheinlich auch für Weltbilder und vermutlich ist es sogar so, dass wir nach unserem 35. Geburtstag nicht einfach nur ein Weltbild haben. Wir sind fest davon überzeugt, dass wir kein Weltbild haben – sondern dass es sich um die natürliche Ordnung der Dinge handelt.

Wenn wir halbwegs gescheit sind, dann lassen wir die Sache mit den Weltbildern sein – und orientieren uns an Democritus, der schon vor zwei Jahrtausenden gewusst hat: „Nothing exists except atoms and empty space, everything else is opinion."

Aber vermutlich muss man dazu erst einmal 50 werden.

17

Die Schlager der Woche und das schönste Urlaubsfoto

Die Weltbilder also. Schauen wir ein bisschen auf die Zeit, in der diese Weltbilder entstanden sind. Vielleicht ergibt sich am Ende ja auch eine wackelige Erklärung dafür, warum sie so wurden wie sie sind.

Jetzt, in dem Moment, in dem ich das hier schreibe, ist es Freitagabend. Um diese Zeit hätten Sie mich früher weder stören dürfen, noch wäre ich jemals auf die Idee gekommen zu arbeiten oder irgendwas anderes zu machen Ich würde hier ergänzen: als vorm Radio zu sitzen." Der Freitagabend, das war für mich immer: Die „Schlager der Woche". Am leicht antiquierten Titel erkennt man, dass es sich dabei um eine etwas betagte Radiosendung handelt. An der Tatsache übrigens, dass sie auch heute noch so heißt, lässt sich ablesen, dass wenigstens nicht alles was „Bayern 3" in den letzten 30 Jahren gemacht hat, völliger Murks war. Vermutlich ist das die einzige Sendung und der einzige Sendungstitel, bei denen man das hoffnungslos überstrapazierte Wort „Kult" verwenden darf.

133

Also, die „Schlager der Woche". Die begannen immer um 18 Uhr, später dann mal um 19 Uhr. Sie waren das, was wir früher Hitparade nannten, worüber natürlich die coolen Kids von heute lachen müssen. Hitparade, da denkt man an Heck und an toupierte Muttis, die Rex Gildo eine Blume überreichen. Heute heißt das Charts, wenn überhaupt noch. Charts, wer braucht das noch, wenn man die Dinge auch einfach „liken" kann?

Die „Schlager der Woche" waren vor allem in früheren Jahren ein logistisch und technisch hochkomplexes Unterfangen. Von dem man nicht weiß, wie man es jüngeren Menschen überhaupt noch erklären soll, weil es erstens die Geräte, die man dazu brauchte, schon lange nicht mehr gibt. Und weil die Geschichte selbst so sehr nach „Wir hatten ja nix!" klingt, dass sie wahlweise zu nostalgisch, zu unglaubwürdig, zu verklärt oder einfach zu bescheuert rüberkommt. Aber wir Alten sind ja hier unter uns und können offen reden: Man nahm also den Kassettenrekorder, baute ein Mikrofon in angemessenem Abstand zum Radio auf, steuerte ein paar Mal aus, bis der Pegel so ausschlug, wie es in der Bedienungsanleitung stand und dann hatte, verdammt noch mal, alles ruhig zu sein. Man wollte schließlich die neuesten Lieder aufnehmen. Dummerweise hatten das alle in meinem Umfeld auch verstanden. Außer meinem kleinen Bruder, der Hunger bekam und deshalb losröhrte. Und dem Hund, der bellte und dem Wellensittich, den die Musik aus dem Radio zum Zwitschern inspirierte. Zur Konsequenz hatte das, dass meine Kassetten gerne aus The Sweet, T. Rex, Slade, meinem brüllenden Bruder, dem bellenden Hund und dem pfeifenden Vogel bestanden. Wenn noch etwas Pech dazu kam, hatte man einen dieser Moderatoren, die ein Lied nicht ausspielten und dazwischen redeten. Und was ein Geisterfahrer ist, erfuhr ich, als mitten in einem von mir aufgenommenen Stück die Rede davon war. Geisterfahrer waren mir von dem Tag an unsympathisch. Nicht wegen ihrer Fahrweise, aber die Aufnahme war zerstört und ich wusste von diesem Tag an, dass es eine Gefahrenquelle mehr für meine Kassetten gab. Den Stellenwert solcher Kassetten darf man nicht unterschätzen. Erstens mussten die ein paar Wochen reichen, bis in den Charts wirklich mal was Neues auftauchte. Zweitens passierte das alles in Zeiten von echter Rohstoffknappheit. Tapes waren teuer, vor allem für Schüler. Deswegen stellte uns jede neue Ausgabe der „Schlager der Woche" auch vor die harte Entscheidung: eine alte Kassette überspielen oder eine neue opfern?

Aber trotzdem war dieser Freitag jedes Mal ein Abenteuer sondergleichen. Aus heutiger Sicht würde ich sagen: Ich kam mir vor wie Tontechniker, Regisseur, Produktionsleiter und Moderator in einem, wenn ich fachmännisch mein Mikro aufbaute, alles verkabelte, auf den Pegel schaute, die Aufnahme überwachte und hinterher den pfeifenden Vogel massakrierte. Schließlich lastete während der 60 Minuten eine gewaltige Verantwortung auf mir. Das war alles live und unwiederbringlich und wenn man es versaut hatte, dann wusste man, dass man jetzt eine ganze Woche würde warten müssen, um das Lied der Begierde aufnehmen zu können. So lange musste man beten, dass es dieses Lied auch nächste Woche wieder unter die Top 10 schaffen würde.

Heute ist, wie gesagt, wieder Freitagabend. Bei Bayern 3 dudeln sie gerade wieder die Schlager der Woche runter, die mit dem damaligen Event nur noch den Titel gemeinsam haben. Inzwischen spielen sie dort 20 Songs plus US- und UK-Charts. Und sie sind wahnsinnig witzig dort, wie immer. Von den zwei Stunden Musik gefallen mir im Regelfall keine drei Minuten mehr. Aber das ist nicht das Entscheidende, im Gegenteil, es würde mich beunruhigen, wenn ich heute immer noch wie ein Zehnjähriger auf Charts stehen würde. Was fehlt – ist der Reiz des Seltenen. Des Ungewöhnlichen. Des Besonderen.

Auf meinem Rechner ist gerade iTunes geöffnet, wo ich ca. 30.000 Songs gespeichert habe. Was vergleichsweise wenig ist zu den rund 18 Millionen, die mir das direkt geöffnete Fenster von Spotify suggeriert. Alles ist immer und jederzeit und sofort verfügbar, was auf der einen Seite ja ganz schön ist, aber manchmal eben auch nicht. Wer immer sofort alles bekommen kann, kann ja zwangsweise irgendwann mal den Wert einer Sache nicht mehr schätzen. Wirtschaftsexperten würden das wohl Inflation nennen. Ja, ich glaube, so muss man sich das vorstellen: eine Inflation von dem, was wir früher gerne gehabt hätten. Wie traurig, das.

Wenn übrigens die These stimmt, dass jeder erfüllte Wunsch sofort einen neuen nach sich zieht, dann ist die Musikinflation ein guter Beleg dafür. Jetzt haben wir 18 Millionen Songs zur Verfügung, eine unfassbare Menge, von der wir früher nicht mal gewusst haben, dass sie überhaupt existiert. Besser fühlt sich das Musikhören trotzdem nicht an. Wenn wir ehrlich zu uns selbst sind: Aus den 18 Millionen kristallisiert sich ja dann doch wieder nur ein vergleichsweise minimaler Teil heraus, den man mag und regelmäßig hört.

*

Entdeckt habe ich jetzt auch mal ein paar Urlaubsfotos. Bei jedem einzelnen kann ich mich daran erinnern, wo es aufgenommen ist, wer dabei war, was ich an diesem Tag sonst noch gemacht habe. Das schönste Urlaubsfoto wurde früher gerahmt. Bis wir wussten, welches Foto überhaupt das Schönste sein könnte, verging eh etwas Zeit: Der Film musste manchmal erst noch vollgeknipst werden, man bringt schließlich keinen Film zum Entwickeln, den man nicht vollgeschossen hat. Am Ende des Urlaubs saßen wir dann da, mit 24 oder 36 oder, wenn es mal wirklich zur Sache ging, 50 Fotos. 24 Fotos, das machen Kids mit ihren Instagram und sonstigen Apps heute meistens an einem einzigen Tag, davon die Hälfte vermutlich so genannte „Selfies". So großartig digitale Technik selbstverständlich ist, aber seit sie Fotos und Videos in inflationärer Menge erlaubt, sind weder die Fotos besser geworden, noch kann man sich überhaupt noch daran erinnern, wo welches Bild entstanden ist.

Vor kurzem habe ich übrigens etwas gemacht, was ich etliche Jahre nicht mehr getan habe: Ich habe Bilder ausdrucken lassen.

Und anschließend gerahmt.

18

Nostalgie, die alte Krankheit

Jetzt, wo Sie in etwa die Hälfte Ihres Lebens und dieses Buchs geschafft haben, dämmert es Ihnen vermutlich: In diesem Buch ist immer wieder mal von nostalgischen Anwandlungen die Rede (in Ihrem Leben möglicherweise auch). Das ist, so darf man vermuten, ganz normal, wenn man seit 40 Jahren auf diesem Planeten lebt.

Wer nostalgisch ist, ist krank. Weil Nostalgie eine Krankheit ist. Das klingt jetzt nach einer hübschen, provokanten These eines nicht mehr ganz jungen Autors, der sein Buch irgendwie ein bisschen spannender machen will. Das ist aber aus zweierlei Gründen nicht der Fall. Erstens wäre das ein ziemlich sinnloser Versuch, Sie aufzuwecken. Jetzt, wo Sie es schon so weit bis an diese Stelle hier geschafft haben. Zum anderen ist das keine These, sondern gilt als medizinisch erwiesen. Zugegeben, das ist jetzt ein paar hundert Jahre her. Aber immerhin: Es gab tatsächlich Zeiten, in denen Menschen mit nostalgischen Anwandlungen als krank galten.

Wie das immer so ist mit der Wissenschaft und der Medizin: Heute behauptet man natürlich anderes.

Nämlich, dass ein gewisses Maß an Nostalgie nötig ist, dass sie das Selbstvertrauen stärkt und dass sie schlechte Gedanken vertreibt. Außerdem weiß man inzwischen, dass der Mensch gar nicht anders kann, als nostalgisch zu sein. Nostalgie liegt sozusagen in unserer DNA. Zumindest dann, wenn man auch den Hang dazu, Dinge rückwirkend zu verklären, leicht verharmlosend als Nostalgie bezeichnen will. Was die ganze Crux des Ganzen auch schon aufzeigt: Was ist noch nostalgisch und was ist hoffnungslos verklärend?

Ein Experiment hat einmal das Folgende ergeben: Man fragte Menschen, die gerade im Urlaub waren, wie er denn so sei, dieser Urlaub. Rund zwei Drittel antworteten Ungeahntes: ein bisschen langweilig, stressig, das Hotel nicht so, wie man es gerne gehabt hätte, das Essen schlecht. Kurzum, irgendwas zum Meckern gab es immer. Zwei Wochen später befragte man dieselben Personen noch mal, der Urlaub war gerade zu Ende gegangen. Und siehe da: Nur noch elf Prozent hatten an dem Urlaub etwas auszusetzen, alle anderen fanden nur gute Worte: Wunderbar, prächtig, großartig sei es gewesen, ein Urlaub, wie man ihn sich nur wünschen kann. Man bekommt also eine Ahnung, wie leicht wir uns selbst überlisten, das Negative ausblenden und am Ende beinahe alles toll finden. Es muss nur ein bisschen zeitlicher Abstand dazwischen liegen. Zeit heilt nicht nur alle Wunden, sie trübt auch unseren Verstand.

Das erklärt, warum wir an unsere früheren Jahre alle nahezu identische Erinnerungen haben. Unsere Schulklassen waren immer etwas Besonderes, keiner von uns war nicht irgendwann mal in der wahlweise schlimmsten oder besten Klasse, die es jemals an dieser Schule gegeben hat. Es will sich ja schließlich niemand eingestehen, dass man an einer stinknormalen Schule in einer stinknormalen Klasse war, die alle an der Schule Verbleibenden in dem Moment sofort wieder vergessen hatten, nachdem man sie verlassen hatte. Dummerweise kommt das nämlich der Realität sehr viel näher als die Wahrnehmung, man sei irgendwie einzigartig gewesen.

Aber mit der Schule endet die verklärende Nostalgie ja noch nicht: Im Studium oder in der Ausbildung haben wir es selbstverständlich so krachen lassen, dass man dort heute noch davon redet. Selbstverständlich gibt es das alles heutzutage nicht mehr, schließlich sind das heute ja alles Langweiler und Bücklinge. Kurz gesagt also alles das, was unsere Vorgänger-Generation, die 68er, über uns gesagt haben.

Und machen Sie niemals im Leben den Fehler, einen Mann nach seiner Bundeswehrzeit zu fragen: Alles gaaaanz toll, wunderbar, diese Kameradschaft, diese Abenteuer. Keine Rede ist mehr von quälender Langeweile, dämlichen Vorgesetzten, schlafen in Sechs-Mann-Stuben. Sogar die Gewaltmärsche hat man in positiver Erinnerung – da war man wenigstens noch fit, damals! Dass man tatsächlich die Tage runtergezählt hat und froh war, als sich das letzte Mal die

Kasernenschranke hinter uns schloss, wer will das nach 20 Jahren schon noch wissen?

Alles schön und gut, soweit. Jedem seine Nostalgie, wenn's ihm denn Spaß macht. Die Gefahr bei uns ist lediglich, dass wir irgendwann lebende Nostalgie sind. Nostalgiker aus falscher Überzeugung. Solche, die sich selbst blockieren mit den ewigen Erinnerungen daran, wie toll doch früher alles war. Woraus übrigens, anders als die Wissenschaftler glauben, keineswegs gute Laune resultieren muss. Im Gegenteil, wenn man ständig den Gedanken an die goldene Vergangenheit nachhängt, kann man ganz schön muffelig werden. Vor allem, wenn es gerade grau und kalt draußen ist, die Kinder quengeln und man am nächsten Morgen wieder um 7.30 Uhr an seinem Schreibtisch sitzen soll. Und da soll der Gedanke glücklich machen, dass man sich vor 20 Jahren um diese Zeit gerade gestylt hat, um auf die Piste zu gehen, reihenweise Flirtpartner zu erlegen und am nächsten Morgen ordentlich auszuschlafen, bis 13 Uhr mindestens? Hat sich was. Verdammte Nostalgie, verdammte.

Die durchaus gerechtfertigte Frage in unserem Alter lautet also: Was ist nette Nostalgie und wo fängt die Verklärung an? Und wie viel gönnen wir uns wovon? Worauf dürfen wir womöglich auch mal stolz sein, einfach so, ohne dass es uns unter Nostalgieverdacht stellt? Man hat ja schließlich noch ein paar Jahre, womöglich sogar Jahrzehnte vor sich. In denen man

tunlichst etwas mehr auf die Kette bekommen sollte, als sich selbst und anderen vorzuschwärmen, wie toll man früher selbst und die Zeiten generell waren.
Als überaus hilfreich stellt sich in diesem Momenten folgende Methode heraus:

1. Alte Fotos herauskramen. Wenn man nicht gerade schon im Übergangstadium von der Nostagie hin zur Totalverklärung ist und deshalb Nordkorea für einen demokratischen, schönen Staat hält, dann also fällt einem auf, dass man womöglich doch nicht der attraktive, schlanke, austrainierte und von allen begehrte Held war, von dem man bisher sicher glaubte, es gewesen zu sein. Also, so vor 20 oder 30 Jahren. Wenn man sich selbst dann noch im pastellfarbenen Pulli wiederfindet, dann hat man gleich dazu auch noch eine Ahnung, dass die Mode früher auch nicht zwangsweise immer besser gewesen sein muss. Wenn Sie sich den eigenen Anblick lieber ersparen wollen, helfen gelegentlich auch Fotos von anderen. Ein Journalist, den ich bisher nur in der heutigen Zeit kannte, hat unlängst ein Jugendfoto von sich veröffentlicht und ich musste laut lachen. Sehen Sie es also positiv: Die Zeit geht manchmal auch recht gnädig mit Menschen um. Bei manchen ist es sogar eine Erlösung vom Aussehen früherer Tage. Wir Männer können uns ja sogar einreden, dass graue Haare interessant machen.

2. Alles technische Gerät weglegen. Alles. Handy weg, iPad weg, Computer weg, Fernbedienung weg. Auto nur noch mit vier Gängen und komplett nach den

Regeln der Straßenverkehrsordnung fahren. Klimaanlage im Auto aus. Und, müssen wir das jetzt wirklich alles wieder haben?

3. Auf YouTube alte Reden von Helmut Kohl und Franz Josef Strauß anhören. Falls Sie aus dem Osten kommen: Honecker reicht auch.

Ach ja, Nostalgie, das ist ja alles schön und gut. Aber vermutlich muss man sich mit dem hier und jetzt vielleicht nicht gleich versöhnen. Aber wenigstens arrangieren. Dann darf man auch nostalgisch sein. Solange man sich darüber im Klaren ist, dass es sich eben nur um Nostalgie handelt.

Womöglich hilft bei hartnäckigen Nostalgieattacken auch noch dieser Gedanke: Die Tage heute sind die Zeit, von den wir in 20 Jahren schwärmen werden.

19

Früher war alles besser
(was denn sonst?)

Der Mensch in der Mitte seines Lebens steckt also in einem ständigen Zwiespalt. Da sind auf der einen Seite die zunehmend verklärenden Erinnerungen. Und auf der anderen Seite die unbestreitbare Tatsache, dass noch einiges an Leben vor uns liegt, sogar in diesem hohen Alter noch.

Die letzten Tabus im Leben fallen in den Vierzigern. Nicht nur die gesellschaftlichen und die sexuellen, die natürlich auch. Sondern zudem die, die per Gesetz vorgegeben sind: Man darf jetzt beispielsweise Bundespräsident werden und Papst auch, sofern man schon Kardinal ist und man das möchte (nein, halt, Päpste haben ja keine Wahl, wen die Vorhersehung trifft, der muss auch annehmen). Jedenfalls, Papst und Bundespräsident sind die letzten Ämter, die uns bis zu den Vierzigern noch wegen einer Altersbeschränkung verschlossen sind und irgendwie ist das ja fast schon wieder nett. Nach einem Personalausweis wegen des Kaufs von Bier oder Zigaretten werden wir ja schon lange nicht mehr gefragt. Wir sind in einem Alter, in dem die Frage nach einem Personalausweis tendenziell eher unangenehme Begleitumstände voraussetzt.

Vor allem aber erreicht man spätestens mit der 40 das Alter, in dem man die gefühlte Befähigung dafür erhält, völlig sinnbefreit früher alles besser gefunden zu haben. Alles, wirklich alles war besser. Die Musik. Die Filme. Das Fernsehen. Die Politiker, das Wetter, Sex im Allgemeinen und das jeweils andere Geschlecht sowieso. Die Welt war noch in Ordnung, „Wetten, dass " wurde ordentlich moderiert und nicht zu Tode gelanzt. So, wie man sich früher das Objekt der Begierde für den One-Night-Stand schöngesoffen hat, redet man sich mit 40 die komplette Vergangenheit schön, das geht sogar ganz ohne saufen. Helmut Kohl beispielsweise, den nannten wir alle, sofern wir nicht bei der JU waren (und wer war das schon?) einfach nur „Birne". Heute reden wir alle nur noch vom „Kanzler der Einheit" und wenn unser Verklärungsprozess so weitergeht, dann werden wir irgendwann mal unseren Enkeln erzählen, dass es nie bessere Zeiten gegeben hat als damals in den späten 70ern und den frühen 80ern. Wenn wir dann auch noch die Frisuren und die Klamotten aus diesen Tagen ernsthaft gut finden sollten, müssen wir uns ernsthaft Sorgen machen.

Dabei hatten wir ja damals gedacht, dass wir eine ziemlich einzigartige Generation seien. So wie die anderen Generationen vor und nach uns auch, die ebenfalls alle dachten und denken, sie seien jetzt aber was ganz Besonderes. Die ernüchterndste Erkenntnis, die man dann in unserem Alter haben kann, ist die: dass wir auch nicht besser sind als alle anderen. Dass wir so was von stinknormal und gewöhnlich sind, dass es keiner weiteren Rede mehr wert ist. Wir verklären unsere Vergangenheit mindestens genauso wie unsere Väter und Großväter. Und wir sagen jetzt auch diese Sätze, für die wir unsere Väter und Großväter mindestens verachtet haben. Zusammengefasst lauten sie in etwa so: Das hätte es früher nicht gegeben.

Oder eben doch einfach nur: Früher war alles besser.

20

Transformation: Du erkennst dich selbst nicht wieder

Natürlich wissen wir alles in allem, dass früher keineswegs alles besser war. Nur: anders. Das macht die Sache ja so verwirrend.

Es gibt Dinge, die kann man sich als junger Mensch nicht vorstellen. Beispielsweise, dass man als älterer Mensch über jüngere Menschen gönnerhaft sagt, sie seien junge Menschen und könnten sich ein paar Sachen nicht vorstellen. Man kann sich als jüngerer Mensch auch nicht vorstellen, dass man irgendwann mal um leisere Musik bitten wird, gerne vor Mitternacht ins Bett geht oder freiwillig Bücher liest, womöglich sogar anspruchsvolle. Aber das ist so und man findet das mit 40 dann auch gar nicht mehr so schlimm, um leisere Musik zu bitten, vor Mitternacht ins Bett zu gehen oder ein halbwegs anspruchsvolles Buch zu lesen.

Damit könnte man dieses Kapitel dann auch schon wieder beenden.

Aber so einfach ist das nicht. Weil es da noch einen anderen Aspekt gibt, der sehr viel schwerer zu begreifen ist, wenn man ihn überhaupt begreifen kann. Ich für meinen Teil habe ihn jedenfalls noch nicht begriffen. Und wenn man es denn begreift, wird die Sache nicht eben einfacher. Ich kenne jedenfalls Menschen, die haben zwar theoretisch verstanden, was da mit ihnen vorgeht oder vorgegangen ist. Ihren Frieden haben sie damit aber deswegen noch lange nicht geschlossen. Was ich meine, nenne ich für mich selbst Transformation. Aber das ist vermutlich ein reichlich hochgestochener Begriff dafür, wenn es um die zunehmenden Falten, die ausfallenden Haare oder den Bauch geht, der doch vor ein paar Jahren noch flach und ansehnlich war. Um das alleine geht es auch nicht, um das vorwegzunehmen. Es wäre sogar sehr schön, wenn es nur um ein paar Äußerlichkeiten, ein bisschen Bauch und ein paar Schrammen ginge.

Man kann sich also mit 20 nicht vorstellen, jemals einen Bauch, Falten und eine Halbglatze zu haben. Würde man einen 20-Jährigen fragen, was er dagegen zu unternehmen gedenke, er würde wahrscheinlich sagen, dass er von solchen Unbilden der Natur ohnedies verschont bleiben wird. Und dass er zweitens, rein vorsorglich natürlich, schon auf sich achtgeben werde. Das haben wir alle gesagt und uns am bösen Ende gewundert, wo dieses Zeug auf einmal herkommt. Bauch und Falten, das ist immer nur was für die anderen.

Die gute Nachricht daran ist: Bis zu einem gewissen Grad kann man auch dann noch korrigierend eingreifen, wenn das Kind schon in den Brunnen gefallen ist.

Im Kapitel „Marathon" sehen wir, dass sogar Menschen unseres hohen Alters in der Lage sind, ziemlich aufwendigen Sport zu betreiben. Sieht man von der psychologischen Komponente ab, soll Sport ganz gut gegen Bauch helfen, vor allem, wenn man 42,195 km rennt. Spätestens seit Jürgen Klopp wissen zumindest wir Männer, dass man sich Haare auch transplantieren lassen kann und trotzdem noch als cool gelten kann. Frauen neigen ohnedies nicht zu Bauchansatz und Haarausfall und können davon abgesehen erste Fältchen gut wegschminken, weil schminken bei Frauen praktisch in der DNA liegt. Das alles wäre also kein allzu großes Problem, gäbe es nicht diese schleichende Veränderung, die ich für mich selber Transformation nenne.

Sie besteht aus einem simplen Phänomen:

Man steht eines Tages vor dem Spiegel und erkennt sich selbst nicht mehr.

Nein, natürlich: Es ist nicht so, dass man eines Morgens aufwacht und die moderne Version von Gregor Samsa ist (sorry, so viel bildungsbürgerliches Geprotze musste jetzt gerade mal sein). Man ist also nicht plötzlich wie in Kafkas düsterer Erzählung zu einem dicken, unansehnlichen Käfer mutiert. Man sieht nur auf einmal so anders aus. Irgendwann, wenn man dieses merkwürdige Gefühl nicht mehr loswird, rennt man dann an den Ort, an dem man seine alten Fotos aufbewahrt hat; bei Menschen unseren Alters sind das eher selten Festplatten oder irgendwelche Cloud-Speicher. Dann holt man die Bilder raus, auf denen man noch in voller juveniler Pracht an irgendeinem Strand in Florida posiert, und stellt fest: Man sieht wirklich anders aus. Und es sind nicht nur ein paar Fältchen oder die grauer und dünner gewordenen Haare.

Man kann das auch nur sehr schwer beschreiben, es ist eher so ein Gefühl als eine sichtbare Realität. Obwohl, auf der anderen Seite: Man muss sich ja nur mal die Jugendfotos irgendwelcher Prominenter ansehen, dann weiß man, dass es das Normalste auf der Welt ist, irgendwann anders auszusehen. Und man hatte das ja auch schon mal hinter sich, jeder hat das. Spätestens, wenn wir pubertieren, bekommen wir auch ein vollständig anderes Äußeres verpasst.

Es ist: ein anderes Gesicht. Obwohl man doch jetzt 30 oder 40 Jahre mit dem vermeintlich gleichen Gesicht durch die Welt gelaufen ist und einem dabei nicht aufgefallen wäre, dass sich da irgendwas verändert. Und dann so was: Man schaut eines Tages in den Spiegel und bemerkt, ein anderes Gesicht spazieren zu tragen. Eines, das man selbst nicht mehr kennt.

Und obwohl man das alles selbstverständlich weiß, bleibt die Frage: Wieso ich? Und wieso ausgerechnet SO? Natürlich kennen wir alle diese Sprüche, dass jemand im Alter gewonnen habe. Aber erstens sind das vermutlich Ausnahmen und zweitens sind wir ja nicht alles kleine George Clooneys. Es ist also erstmal der Schock darüber, mit der Realität konfrontiert zu werden. Älter werden wir alle, schon klar – außer ich selbst natürlich. Denkt man zumindest. Nein, halt, auch das ist falsch, man denkt das natürlich nicht, weil niemand von uns so bekloppt ist, dass er nicht wüsste, dass wir alle den Naturgesetzen unterliegen. Man denkt das also nicht, aber man fühlt es: Bestimmt werden alle mal älter, rund, unansehnlich und faltig, aber ich nicht. Bestimmt nicht. Bis man dann vor dem Spiegel steht und weiß: Das war es jetzt. Auch noch so viel Sport, Anti-Aging-Creme und Wunderhaarwasser wird gegen diese grundsätzliche Veränderung der Physiognomie etwas bewirken können. Wenigstens weiß man dann jetzt, wie sich jemand fühlen muss, der auf eine dieser millionenfach vorhandenen „Enlarge your Penis!" Mails geantwortet hat und nach ein paar Wochen feststellt: Da ist nix Enlarged.

Aber wenn es denn, wie wir ja auch alle wissen, schon nicht auf die Größe ankommt – dann erst recht nicht auf ein paar Falten und ein bisschen Bauch.

21

Marathon: Eine reine Kopf- und Bauchsache

Wenn sich der Bauch und der Kopf in vielerlei Hinsicht verändern, dann gibt es ein Thema, an dem man nicht vorbeikommt: Marathon.

Ein Marathonlauf besteht aus einer Strecke von 42,195 km. Das ist eine Strecke, die zu laufen noch vor wenigen Jahren als ziemlich bescheuert und deswegen aus der Sicht eines normal sportlich veranlagten Menschen auch nur ziemlich bescheuerten Leistungssportlern vorbehalten galt. Man kam nicht mal auf den Gedanken, sich einen solchen Marathon anzuschauen, weder live noch im Fernsehen. Weil es auf Dauer etwas ermüdend ist, hechelnden Menschen in merkwürdiger Kleidung zuzusehen, wie sie 42,195 km lang hecheln und merkwürdige Kleidung tragen. Das hatte mit der Dauer zu tun (knapp drei Stunden im günstigsten Fall) und vermutlich auch mit der Kleidung. Ich meine, Fußballer beispielsweise, in einer kompletten Trikotgarnitur, das hat was. Marathonläufer tragen dagegen flatternde kleine Höschen, armfreie T-Shirts und Kompressionsstrümpfe, die aussehen wie

Stützstrümpfe und den Träger unangemessen lächerlich aussehen lassen. Vor allem, wenn man bedenkt, dass der Träger sehr ernsthaft sehr ausdauernd sehr anstrengenden Sport betreibt. Daneben bleibt für uns Normalsportler auch die Frage offen, was genau an einer solchen Quälerei erfüllend oder gar eine Selbsterfahrung sein soll. Es sei denn, man empfindet es als Selbsterfahrung, wenn man weiß, wie es ist, wenn einem alle Knochen wehtun. Das kann man vermutlich aber auch einfacher und etwas weniger schmerzhaft haben.

Kurz gesagt: Marathon war was für, nun ja, eher spezielle Menschen.

Das hat sich mittlerweile gewandelt. Wer noch keinen Marathon gelaufen ist oder nicht wenigstens darauf hin trainiert, der hat einen der wichtigsten Trends der letzten Jahrzehnte verpasst. Man weiß nicht so genau, ob zu einem beträchtlichen Teil Joschka Fischer daran schuld ist, der der staunenden Öffentlichkeit vormachte, wie man auch als eher kugelige Figur plötzlich 42 Kilometer rennen und nebenher 30 Kilo abnehmen kann. Solche Geschichten liebt der Normalbürger ja: Da zeigt einer irgendwas völlig Ungewöhnliches. Übergewichtiger Politiker läuft Marathon oder 17-Jähriger gewinnt Wimbledon. Das Blöde daran ist, dass die Menschen davon nicht nur fasziniert sind, sondern sofort anfangen, das Ungewöhnliche nachzumachen, und es damit sehr gewöhnlich und irgendwann mal nervtötend wird. Wer jemals in den Becker-Jahren versucht hat, in seinem Tennisverein noch einen Platz zu reservieren, weiß was gemeint ist. Völlig außen vor gelassen wird bei solch bewundernder Betrachtung auch, wie die Menschen, die einstmals Außergewöhnliches geleistet haben, später aussehen. Also, nach Beendigung ihrer Wundertaten. Joschka Fischer ist inzwischen wieder rund wie eh und je. Und Boris Becker? Ach, lassen wir das, dafür gibt es in diesem Buch ohnedies ein eigenes Kapitel.

Jetzt also muss es Marathon sein. Als Beleg dafür, wie wahnsinnig fit man immer noch ist, wie sehr man bereit und willens ist, über Grenzen zu gehen. Wenn man so will, dann ist diese Marathon-Manie das Sinnbild für eine moderne Gesellschaft, die sich vor allem über das Thema Leistung und immerwährende Jugend definiert. Wir und jemals alt? Geht nicht? Gibt´s nicht! 40 ist das neue 25 und wer‘s nicht glaubt, dem sei diese Studie aus dem Jahr 2013 ans Herz gelegt: Demnach sind Jugendliche ab 14 zwar ihren über 40-jährigen Vätern körperlich überlegen, aber der Fitness-Abstand zwischen diesen Generationen ist nur noch halb so groß wie noch vor 25 Jahren. Das liegt möglicherweise daran, dass die Teenies heute (wir wussten es ja schon immer) ziemliche Weicheier und nicht mehr so frisch und fit sind wie wir in unseren besten Tagen. Könnte aber auch daran liegen, dass die 40-Jährigen von heute viel fitter sind als früher. Wenn man sich die Abertausende anschaut, die morgens wie abends und sommers wie winters durch die Gegend hecheln, bekommt man eine Ahnung: So wird es wohl sein.

Früher hätte man uns 40-Jährige ja für verrückt erklärt, wenn wir uns so etwas noch hätten antun wollen. Man hätte uns Minigolf empfohlen. Oder Schach, Halma, Kartenspielen. Der erstaunlich hohe Anteil von Marathonläufern unseres Alters deutet darauf hin, dass sich etwas gedreht hat: Wir sind die Generation, die keineswegs gewillt ist, ihr Leben langsam mal ausklingen zu lassen, im Gegenteil. Vermutlich nutzen wir die Ruhephasen unserer Altersteilzeit nicht für den Schaukelstuhl, sondern dafür, das Trainingspensum für unseren Senioren-Marathon zu erhöhen. Wir wollen nicht alt werden, ums Verrecken nicht. Wir wollen nicht mal, dass wir alt aussehen, selbst wenn wir es tatsächlich schon lange sind. Das zeigen wir uns selbst und allen anderen, indem wir Strecken laufen, für deren Bewältigung es nicht einen einzigen vernünftigen Grund gibt. Außer den, dass wir danach wissen: Wer das schafft, der ist noch lange nicht am Ende.

Somit hat die Marathon-Manie der Gegenwart eine zusätzlich lustige Komponente: Das machen jetzt auch Menschen, bei denen man vorher das Gefühl hatte, sie haben ein zweites Bein nur, damit sie beim Stehen nicht umfallen. Plötzlich entdeckt man Leute mit dem Finisher-Attribut, die mit „unsportlich" noch freundlich beschrieben waren. So groß kann die Wampe gar nicht sein, dass man es nicht doch wenigstens versuchen würde. Und versuchen heißt bei nahezu jedem, der es probiert: auch durchkommen. Nicht-Durchkommen bei einem Marathon – trotz Trainings – hat eine simple Folge: Es stigmatisiert lebenslang. Zumal wir mitten hinein geraten sind in einen Zeitgeist, der uns laufend suggeriert: Wenn du etwas nicht schaffst, dann hast du nur nicht genug gewollt. Man kann alles, wenn man nur will. Sogar als 40-Jähriger Marathon laufen.

Und vermutlich ist es nur deshalb noch eine Frage der Zeit, bis die ersten ihren Job-Bewerbungen auch die Zahl der absolvierten Marathon-Läufe hinzufügen. Wer braucht schon andere Zeugnisse, wenn er 42,195 km laufen kann?

22

Wären wir Helden (für mehr als einen Tag)

Ja, der Sport. Und die Höchstleistungen. Dafür hatten wir natürlich auch in früheren Jahren schon ein Faible. Der Stoff, aus dem Helden geboren werden, denen man am liebsten alles nachmachen würde.

Im Juli 1985 saßen wir vor dem Fernseher. Alle. Ausnahmslos. Zugegeben, Journalisten haben eine Neigung zur Zuspitzung und zur Übertreibung, aber gefühlt waren es alle aus unserer Generation, die irgendwann an einem Sonntagnachmittag die Arme nach oben rissen und über einen 17-jährigen Rotschopf aus Baden-Württemberg staunten. Der junge Mann war in unserem Alter und hatte gerade eben mal das wichtigste Tennisturnier der Welt gewonnen. Einfach so, als völlig Unbekannter, als erster Deutscher seit Menschengedenken und als erster Ungesetzter und als Erster für alles andere auch. Kurz, wir waren Zeugen eines sportlichen Wunders geworden, und ohne zu wissen, was aus diesem Boris Becker später mal werden sollte, Eintagsfliege oder Weltstar, so viel war sicher: ein Tag für die Geschichtsbücher und wir waren dabei.

Wenn wir gewusst hätten, was später aus diesem Boris Becker werden sollte, hätten wir alle freiwillig darauf verzichtet, jemals 40 zu werden.

Mittlerweile kennt man Becker immer noch. Mit jedem Tag mehr, mit jeder Eselei, jedem bizarren Tweet und mit jeder Geschichte in irgendwelchen Boulevard-Blättern wünscht man sich, Becker hätte dieses vermaledeite Turnier nie gewonnen. Dann hätten wir uns andere Helden suchen können. Nicht solche, die uns heute peinlich sind. Als Becker sich 2013 bei RTL, mit einer unfassbar dämlichen Mütze mit Bommeln dran, gemeinsam mit einem gewissen Oliver Pocher zum Deppen machte, musste man sich zwei Fragen stellen:

1. Womit hat er das verdient?
2. Womit haben WIR das verdient?

Ja, richtig gelesen: WIR. Wenn Becker der Held unser Generation war, dann ist er jetzt auch der Depp unserer Generation. So, wie wir uns in seinem Glanz gesonnt haben, bekommen wir jetzt auch das ganze Elend mit ab. So ist das nun mal mit der Identifikation. Mitgefangen, mitgehangen. Wenn man mit Becker die Triumphfaust ballt, dann muss man mit ihm konsequenterweise auch mitleiden, wenn er sich mit Bommelmütze zum Gespött macht. Noch dazu: gegen Oliver Pocher! Und noch mal, damit es richtig wehtut: POCHER!

Das Becker-Elend legt indessen eigene tiefsitzende Ängste offen. Man muss ja vermuten, dass Becker nicht morgens mit dem festen Vorsatz aufsteht, der Republik zu zeigen, dass er auch völlig vollpfostig sein kann. Vermutlich findet sich Becker selbst sogar irgendwie ganz cool, sonst würde er das nicht machen. Das also vorausgesetzt, muss man sich die Sache in etwa so vorstellen: Becker steht morgens auf und ist für sich selbst gefühlt immer noch der 17-jährigste Leimener aller Zeiten. Der ewige Champion, das ewige Idol. Becker bemerkt weder mittlerweile ein paar Kilo zu viel zu haben, noch bemerkt er, irgendwie ein bisschen verbraucht auszusehen. Dass er sich mit Pocher und anderen Figuren öffentlich bei Twitter zofft und das sehr viel öffentliche Aufmerksamkeit findet, wertet er als Beleg für ungebrochene Popularität und nicht etwa als Indiz, dass diese Öffentlichkeit gerade das Popcorn rausholt und sich einfach amüsieren will über einen alternden Gockel, der ziemlich viel Unsinn verzapft.

Wenn aber schon beim Mittvierziger Becker die Selbstwahrnehmung einigermaßen verzerrt bzw. über die ganzen Jahre hin schlichtweg verloren gegangen ist – ist es dann auszuschließen, dass das bei uns selbst sehr viel anders ist? Dass wir uns selbst also immer noch für die coole Socke aus dem Jahr 1985 halten, inzwischen aber ebenfalls übergewichtig, faltig und blödsinnabsondernd geworden sind? Wenn also die Helden von früher das Spiegelbild unserer selbst sind, dann muss man Phantomschmerz empfinden beim Anblick von Becker oder Matthäus oder all den anderen, die mit jedem Jahr immer knapper am Dschungelcamp vorbeischrammen. Becker immerhin arbeitet wieder als Trainer, zumindest zum Zeitpunkt der Entstehung dieses Buchs. Das ist alleine schon deshalb eine gute Nachricht, weil er in der Zeit, in der er auf dem Platz steht, nicht twittern kann. Und für uns selbst auch. Wir ahnen, dass man dem eigenen Dschungelcamp doch noch knapp entgehen kann. Wenn auch nur haarscharf.

Am anderen Ende der Peinlichkeitsskala steht übrigens Steffi Graf, die den charmantesten Abgang als Spitzensportlerin gewählt hat, den man sich nur vorstellen kann. Abtritt auf der Höhe des Leistungsvermögens, keine Comebackversuche, keine TV-Shows. Und kein Twitter. Stattdessen: verheiratet mit dem ultracoolen Andre Agassi, dessen Coolness erst so richtig auffällt, wenn man sich seinen ehemaligen Dauerkonkurrenten Becker ansieht. Zwei Kids, von denen keines später mal von Beruf T-Shirt-Designer, DJ oder Sohn wird.

Ist es Zufall, dass der männliche Teil unserer Tennishelden heute peinlich und der weibliche Part ausgesprochen elegant ist? Sie merken: Das ist eine rhetorische Frage. Auch als Mann muss man festhalten, dass die genetische Veranlagung, ab 40 irgendwas und irgendwem hinterherzuhecheln, deutlich größer ist. Bei der Suche nach gefallenen männlichen Helden wird man schnell fündig, es ist ja nicht so, dass Becker und Matthäus Einzelfälle wären. Bei den Frauen – Fehlanzeige. Gut möglich also, dass Frauen mit der 40 ganz gut klarkommen, während wir Männer von latenter Panik befallen werden.

Das muss einem Angst machen, zumindest dann, wenn man ein Mann ist. Bei Loddar beispielsweise haben wir alle insgeheim darauf gehofft, dass das nur so eine Phase ist. Dieses ganze Getue mit den jungen Mädels, die gerade mal einen Schulabschluss fertig gemacht haben (wenn überhaupt) und dann als Unterwäsche-Models „arbeiten" und auf fragwürdigen Partys rumlungern. Die stetige mediale Selbstentblößung, bei der ihm nicht mal auffiel, dass schon alleine ein Sendungstitel wie „Lothar – immer am Ball" eine potenzielle Demütigung ist. Dieses ständige zu allem seinen Senf dazugeben, wobei die Beschreibung „Senf" ausschließlich aus rechtlichen Gründen hier gewählt wurde. In Wirklichkeit wäre man froh, wenn es nur Senf wäre; tatsächlich gäbe es andere, sehr viel treffendere Bezeichnungen. Aber man will sich ja nicht – auch noch mit seinen Anwälten auseinandersetzen müssen, wenn man schon sonst kaum an ihm vorbeikommt, ob man jetzt möchte oder nicht.

Man wünscht den Beckers und den Loddars also inständig, dass sie irgendwie wieder die Kurve kratzen. Dass sie sich darauf besinnen, dass sie ja mal jemand waren und dass man sie nicht als Pausenclowns irgendwo sehen will. Man wünscht ihnen dieses Kurve kratzen schon alleine deswegen, weil dann wenigstens ein bisschen Hoffnung übrig bleibt, dass wir selbst auch das Schlimmste überstanden haben, wenn es mal in Richtung 50 geht.

23

Mode: Karotten in pastell

Wenn wir schon dabei sind, über verblasste und mittlerweile peinliche Helden von früher zu sprechen, dann kommt man nicht daran vorbei, mit sich selbst und seinen eigenen früheren Peinlichkeiten hart ins Gericht zu gehen.

Ab und an, genauer gesagt bei nostalgischen Anflügen, ist YouTube eine tolle Geschichte (es ist ja nicht alles von diesem neumodischen Kram schlecht). Dann kann man sich vor seinen Rechner setzen und sich alte TV-Sendungen noch mal geben. Zwangsweise landet man dann irgendwann bei Sendungen aus den späten 70ern und den frühen 80ern. Und damit genauso zwangsweise bei den Klamotten, die die damals alle anhatten. Aber was heißt schon „die"? Wir natürlich genauso.

Im Angebot sind dann, je nach Alter der Sendung: Karottenhosen, Workerjeans, pastellfarbene Pullis, karierte Hosen, lauter so Kram. Aber ganz egal, was man damals anhatte: Mit dem reichen Erfahrungsschatz unseres fortgeschrittenen Alters wissen wir zweierlei:

Nämlich zum einen, dass die Sachen großartig und gruselig zugleich waren. Wie vermutlich alle Klamotten, die es irgendwann mal gab: Man trägt sie erst, weil man sie irgendwie toll findet. Und wenn man das alles 20 Jahre später auf Fotos oder Videos wieder sieht, dann stellt man sich sehr die Frage, wie man das alles ernsthaft anziehen konnte. Oder genauer gesagt: wie man sich ernsthaft freiwillig derart verunstalten und damit zum Deppen machen konnte. Zum anderen weiß man aber auch, dass es keinen Grund zur Trauer gibt. Es kommt eh alles wieder. Man nennt das dann Revival, wobei die Modebranche in der Beziehung ja schon lustig ist: Eine uralte, wieder rausgekramte Idee „Revival" zu nennen, das ist clever. Würden sich andere Branchen das erlauben, man müsste sich irgendwann zu Recht anhören, dass man irgendwie ein bisschen einfallslos sei.

Revivals gibt es de facto jedes Jahr: Einmal sind es die 70er, dann die 80er, vor kurzem habe ich gelesen, dass der Grunge-Style aus den 90ern wieder schwer im Kommen sei. Man kann sich das mit ein bisschen Fantasie zu Ende denken: Im Jahr 2024 wird es irgendwann heißen, der Stil aus den Nuller-Jahren sei jetzt wieder wahnsinnig angesagt. Demnach müsste man seine Klamotten dann nicht in die Altkleidersammlung geben, sondern einfach nur aufbewahren. In spätestens 20 Jahren sind sie wieder irre cool.

Aber nein, wir wissen in unserem Alter natürlich, dass das so einfach nicht geht. Wir können uns nicht einfach eine Hülle, eine Fassade überziehen und dann glauben, alles sei wieder wie früher. Man kann beispielsweise eine Röhrenjeans nicht mehr anziehen. Selbst dann nicht, wenn man glücklicherweise noch eine Figur hätte, bei der eine Röhrenjeans nicht peinlich wirkt. Nein, es geht einfach nicht mehr. Ein 45-Jähriger in Röhrenjeans, das birgt eindeutig die Gefahr, zur Lachplatte zu werden.

Der Vollständigkeit halber noch ein paar Dinge, die als Mann in den 40ern nicht mehr gehen: weiße Hosen, bunte Hosen (außer, man ist Golfer, das sind ja in unserem Alter dann doch ein paar), Hawaiihemden, T-Shirts. Wenn man das alles zu Hause macht, ist es o.k. Aber unter uns Leidensgenossen: So sollten Sie nicht das Haus verlassen, nicht mal zum Einkaufen. O. k., zum Einkaufen vielleicht noch. Aber ansonsten nicht. Auf gar keinen Fall. Für Frauen gelten im Übrigen sehr ähnliche Regeln, auch wenn ich mir hier nicht anmaßen will, eine detaillierte Liste zu verfassen. Jeans-Miniröcke vielleicht, das ist in etwa das, was bei uns Männern die Röhrenjeans ist.

In dieser Beziehung sind allerdings die Vierziger ein tückisches Alter. Wir ahnen zwar, was jetzt alles nicht mehr geht. Das beantwortet allerdings noch lange nicht die Frage, was man stattdessen jetzt darf. Das Problem ist ja leider auch, dass wir zwar irgendwie in einem mittleren Alter sind, nicht mehr jung, aber eben auch noch nicht so richtig alt. Bei Klamotten gibt es dieses Mittelding leider nicht. Man bekommt zumindest den Eindruck, wenn man Leidensgenossen über die Straße laufen sieht. Die Röhrenjeans weicht dann der Stoffhose und der Jeans-Mini dem Blümchenkleid. Was meistens so aufregend ist wie der Skoda-SUV, gegen den man den Golf eingetauscht hatte.

Und dann ist da noch: das Kurzarmhemd! Das KURZ-ARMHEMD!

Eigentlich hatte ich mir vorgenommen, keinen Ratgeber zu schreiben, aber an dieser Stelle ist ein deutliches ratgeberisches Wort angebracht: Tragen Sie nie ein Kurzarmhemd. Nie! Das Kurzarmhemd ist die Versinnbildlichung des Altwerdens. Das stoffgewordene Grauen. Die modische Kapitulation vor der nahenden 50. Wer Kurzarmhemden trägt, findet auch Helene Fischer gar nicht so schlecht, geht abends gerne zu einem Stammtisch, hat eine Lebensversicherung, schaut das ZDF und trägt Sandalen. Kurzarmhemden sind so gruselig, dass sie nicht mal als ironisches Statement für irgendwas taugen. Wirklich, lieber tragen Sie Röhrenjeans und Muscle-Shirts und machen sich blonde Strähnchen ins Resthaar, als so eindeutig zu belegen, dass Sie innerlich mit ihrem Leben schon abgeschlossen haben.

24

Haare und der Kampf mit den Friseur-Schnecken

Weil wir gerade beim Thema Haare waren. Sie gehören zu den sensibelsten Themen überhaupt, wenn man die 40 überschritten hat.

Falls Sie ein Mann sind: Lesen Sie weiter. Sie werden sich wiedererkennen. Falls Sie eine Frau sind: Lesen Sie unbedingt weiter, falls Sie mit einem Mann in den Vierzigern liiert sind. Sie werden ihn danach besser verstehen. Oder wenigstens: ihn mit anderen Augen sehen. Oder offener mit ihm reden. Oder am allerbesten: beides.

Zum Thema Haare haben Männer und Frauen schon alleine aus biologischen Gründen ein sehr unterschiedliches Verhältnis. Frauen spielen mit ihnen, lebenslang. Frauen entdecken sie schon früh als einen Quell stetiger Veränderung, manchmal auch stetiger Unzufriedenheit. Männer bezahlen beim Friseur weniger als 20 Euro, Frauen gerne mal richtig schmerzhafte Beträge. Männer gehen sieben Mal im Jahr zum Friseur und nuscheln dort meistens was von „nur nachschneiden". Frauen gehen unwesentlich weniger, obwohl sie die Haare meistens länger tragen. Dafür ist der Gang zum Friseur dort regelmäßig ein Fest, das genussvoll zelebriert wird.

32 Prozent der Männer in Deutschland sagten übrigens im Jahr 2011 über sich, überhaupt nie zum Friseur zu gehen. So sehen sie zwar meistens auch aus, auf der anderen Seite: Wer nur dünnes Gewächs auf dem Kopf hat oder den Ansatz zu einem mönchischen Haarkranz, der will sich dem Elend beim Friseur nicht auch noch stellen. Zumal dort im Regelfall 20 Jahre jüngere Friseusen warten, die trotz des gerade mal irgendwie geschafften Hauptschulabschlusses verdammt herablassend schauen können. Wenn man dann die eigene Halbglatze im Spiegel sieht, fühlt sich sogar der promovierte Wirtschaftsprüfer der Hauptschulschnecke unterlegen. Frauen hingegen reden unter ihresgleichen, zumal sich auch die Frau um die 40 eher nebenbei stundenlang mit ihren Haaren beschäftigen kann. Frauen wissen, was gemeint ist, wenn die Friseuse ihres Herzens fragt, ob es noch ein bisschen Painting oder Hairgloss sein darf. Männer fühlen sich schon beschissen, wenn die Hauptschulschnecke fragt: Noch etwas Gel, etwas Wachs? Erstens weiß man nicht so genau, was das sein soll. Zweitens: Egal, was es ist, es sieht an einem Haarkranz immer blöd aus. Gel und Wachs auf einer Halbglatze, mehr Konfrontation mit dem eigenen Alter geht nicht. Man könnte sie erwürgen, die Hauptschulschnecke.

Man kann also mit gutem Gewissen sagen: Die Haare sind das äußerliche Manifest unseres beginnenden Verfalls. Es gibt nichts Lustigeres als Jugendfotos von Menschen, die heute keine oder nur noch wenige Haare haben. Als ich mein erstes Klassentreffen hatte, das dann tatsächlich mal gute 20 Jahre vom Abitur entfernt lag, habe ich einige der männlichen Teilnehmer nur unter Mühen erkannt. Man glaubt es kaum, was fehlende Haare aus einem Menschen machen können.

Um ehrlich zu sein: Dieses Schicksal, wenigstens dieses eine, hat mich als Endvierziger ziemlich verpasst. Ich brauche immer öfter eine Brille. Ohne sie bin ich beim Lesen blind wie ein Flussotter. Mein Gehör ist durch übermäßigen Konsum lauter Musik in frühen Jahren durchaus geschädigt, inzwischen bin ich ein Meister darin, irgendwelches Zeug zu brabbeln, wenn ich etwas nicht verstehe. Oder ich lächle wahlweise nachdenklich, verständnisvoll oder freundlich, je nachdem, was mein Gegenüber gerade eventuell gesagt haben könnte. Aber meine Haare sind noch alle da, sie sind nur so grau, dass sie gerade noch als interessant durchgehen könne. Es sieht auch nicht so aus, als würde sich an diesem Zustand in absehbarer Zeit irgend etwas ändern. Dafür bin ich meinem Schöpfer auf ewig dankbar.

Und da beginnt die Crux. Man mag das auf den ersten Blick auf typisch männliche Knickrigkeit zurückführen oder auf die uns eigene Uneitelkeit. Es gibt schließlich eine Menge Frauen, die über uns Männer klagen, es sei uns offensichtlich völlig wurscht, wie wir aussähen. Vor allem wir über 40-Jährigen, weil es bei uns erstens eh schon egal ist und weil wir zweitens meistens schon so lange mit unseren Frauen liiert sind, dass wir uns tendenziell etwas gehen lassen. Oder wir sind gar nicht mehr liiert, dann gibt es aber auch keinen Grund zur echten Eitelkeit.

Wo war ich? Ach ja, die Haare. Haare sind etwas, woran sich Frauen ein Leben lang abarbeiten können, allerdings nur die eigenen. Die ihrer Männer werden entweder grau, dünner oder fallen aus. Das mit den Graustufen ist noch die angenehmste Variante. Man kann sich dann einreden, irgendwie interessant auszusehen oder (vorausgesetzt, man neigt zu Größenwahn) wie George Clooney. Ich habe keine Ahnung, was daran so toll sein soll, grau auf dem Kopf zu sein. Eher betrachte ich jedes neue graue Haar unter der Devise: Die Einschläge kommen näher. Aber gut, wenn das die allgemein gültige Ausrede ist, dann finde ich jetzt eben auch, dass ich mit grauen Haaren sehr viel interessanter und clooneyiger aussehe als vorher.

Aber dünne Haare. Oder gar keine. Oder eine Kombination aus dünnen und der Absehbarkeit, dass es bald gar keine mehr sein werden. Ein Haarkranz wie ein Mönch. Es gibt unfassbar viele Möglichkeiten, wie Haare oder besser: keine Haare einen Mann stigmatisieren können. Lebenslang. Wer einmal beginnt, Haare zu verlieren, der weiß, dass sie auch nicht mehr zurückkommen werden. Da kann man die wundersamsten Mittelchen anwenden, im Grunde seines Herzens weiß man, dass sie in ihrer Wirksamkeit gleich nach den Penisverlängerungen im Internet kommen. Man könnte an dieser Stelle auch etwas über die wundersame tiefenpsychologische Bedeutung der männlichen Anfälligkeit für das Thema Penisverlängerung schreiben, aber das würde zu weit führen. Die Haare auf dem Kopf jedenfalls sieht man. Und jedes weniger oder jede zusätzliche Ergrauung ist ungefähr so, als würde man uns das Alter auf die Stirn tätowieren.

Es ist ja mit den Haaren schon schwierig genug. Nichts zeigt uns deutlicher, wie wir alt werden. Vor kurzem übrigens habe ich ein Bild eines quasi glatzköpfigen Herrn gesehen, der neuer CDU-Generalsekretär geworden ist. Der junge Mann ist 39, demnach noch nicht ganz in dem schwierigen Alter, das die Zielgruppe dieses Buchs ausmacht – und hat dennoch fast keine Haare mehr. Man kann dann beinahe nur noch CDU-Generalsekretär werden, für Aufgaben im richtigen Leben ist man optisch disqualifiziert. Ein Politiker mit Glatze das ist o. k., ein Lehrer vielleicht auch gerade noch. Aber sonst so, unter uns Normalos? Will man mit einer Halbglatze vielleicht in irgendeinen hippen Club gehen? Da kann man noch so oft darauf insistieren, 39 zu sein, das Stigma der Halbglatze überbietet alles andere.

Davor haben auch ganz andere Angst. Der neue Vorsitzende einer den Älteren unter Ihnen womöglich noch bekannten Partei namens FDP hat sich unlängst Haare transplantieren lassen. Vermutlich, weil ihm klar war, dass ihm mit schütterem Haar niemand die Rolle als dynamischer Hoffnungsträger abnimmt. Dynamik und Halbglatze, welch ein Widerspruch in sich! Nicht mal Leute, denen man von Haus aus mehr Dynamik zuspricht als einem FDP-Vorsitzenden, wollen sich darauf noch verlassen: Der Fußball-Lehrer Jürgen Klopp bekennt sich ebenfalls dazu, das lichter werdende Haupt mit einer Haartransplantation etwas korrigiert zu haben.

Zum Zeitpunkt der Transplantation war Klopp übrigens 47 und ansonsten ganz o. k.

25

Das Wochenende: Samstags gehört Vati allen

„Samstags gehört Vati mir!" plakatierten Gewerkschaften in den 50er Jahren. Bevor Sie sich jetzt Sorgen machen, dass dieses Buch in eine Zeit abdriftet, an die selbst der ältestmögliche Endvierziger keine aktive Erinnerung mehr hat: Das wird natürlich nicht passieren. Und auch die beliebte Nostalgiefalle versuchen wir bei diesem Thema wieder weiträumig zu umgehen. Das Plakat steht nur so schön sinnbildlich dafür, was sich in unserem Leben verändert hat. Nein, es geht jetzt nicht um gute alte und schlechte neue Zeiten. Sondern einfach – um uns selbst, und das hat ganz und gar nichts mit Zeit zu tun. Wir hätten es ja nur ein bisschen anders machen müssen, wir ollen Trottel.

Also, das Wochenende. Es hat einen ziemlichen Kulturwandel mitgemacht, dieses Wochenende. Es galt mal als mehr oder weniger heilig. Wenn man Deutschland vom Freitagmittag an zuschaute, dann war das in etwa so wie heute ein Windows-Rechner, der langsam runterfährt, vorher aber noch ein paar

Updates installieren musste und deshalb darum bat,
noch nicht ausgeschaltet zu werden, das erledige er
dann nach Update-Installation schon von selber. Bleibt
man bei dieser Metapher, dann hatte sich Deutschland
spätestens am Samstagmittag selbst runtergefahren.
Die Einkäufe am Samstagmittag waren die letzten
Updates, das Tempo verlangsamte sich. Und spätestens am Samstag war das Land eine Idylle, die man
wahlweise schön oder auch grauenvoll finden konnte.
Da ging nichts mehr, gar nichts mehr. In den Städten
fiel das noch nicht ganz so auf, die Provinz hingegen:
ein einziger Ort des Stillstands. Ab und an ging der
Papa noch zum Autowaschen vor die Tür oder erle-
digte irgendwas im Garten. Aber ansonsten: Der Tod
ist ein Meister aus Deutschland an einem Wochenende
in den Achtzigern. Weswegen auf die Schilderung des
weiteren Verlaufs eines Durchschnittswochenendes
verzichtet werden kann. Manche Dinge muss man sich
nicht auch noch freiwillig antun. Nennen wir es einfach: komatös.

Außer, wenn man sich noch mal vor Augen führen
will, wie sehr sich das Wochenende als solches gewandelt hat. Der durchschnittliche Vierziger von heute
wäre vermutlich glücklich, wenn auch nur ein einziges Mal im Jahr die Geschäfte am Samstagmittag
schließen und alle anderen einfach die Klappe halten
würden. Dann müsste er nämlich nicht erst mit dem
SUV oder dem Passat (Golf fahren wir in unserem
Alter und in diesem Stadium unserer Generationen-
Evolution aus Prinzip nicht mehr) zum Einkaufen,

wahlweise die Kindersitze rausnehmen, das etwas größere Kind zum Gitarren-Unterricht und den nörgelnden Teenie zu einem anderen nörgelnden Teenie fahren. Danach müsste er auch nicht mehr auf den
Wertstoffhof fahren und den sauber sortierten Müll
wegbringen, ehe er noch zwei, drei Stunden in seinem
Arbeitszimmer verbringt, weil Vati (und Mutti) inzwischen schon lange auch samstags der Firma und dem
per Handy nervenden Chef gehören. Schließlich
könnte er sich dann, ganz wie früher, auf die Couch
legen, ein Bier trinken und Fußball im Radio hören,
um danach das ganze Spektakel auch noch mal in der
Sportschau und noch später im Sportstudio Revue passieren lassen zu können. Oder, falls Fußball-Muffel,
„Wetten, dass" schauen, obwohl das inzwischen von
Markus Lanz gerade erfolgreich abgewickelt wurde.
Oder irgendwas machen, irgendwas, was man gerne
macht und wozu man sich einfach Zeit nimmt. Zeit
aber hat er nicht mehr, der 40-Jährige der Neuzeit,
weil es natürlich auch an diesem Samstag nichts werden wird mit dem, was unsere Nachfolgegeneration
wahlweise chillen oder abhängen nennt und manchmal einfach nur lakonisch dazu sagt: YOLO. *You only
live once.*

Wir leben zwar vermutlich auch nur einmal, machen
uns dann aber am Samstagabend noch auf den Weg
zu gesellschaftlichen Verpflichtungen aller Art, bei
denen man selbstredend gut aussehen und charmant
parlieren muss, selbst wenn es nur die Nachbarn
sind, bei denen man eingeladen ist. Aber selbst

solche Nachbarschaftsbesuche sind inzwischen zu durchaus anstrengenden Leistungsschauen geworden. Gemütlich zusammensitzen, das geht heute nicht mehr, weil erstens der Begriff „gemütlich" aus dem Wortschatz des modernen Menschen ohnehin verschwunden ist und weil zweitens der Begriff „Gemütlichkeit" inzwischen einen eher unschönen Klang bekommen hat. Das klingt nach Bierzelt und Dumpfbacke und Grillabenden in Unterhemd und kurzer Hose. Und Samstagabend auf der Couch vor dem Fernseher? Das geht schon alleine aus Imagegründen nicht. Wir sind erfolgreich, gefragt, auf dem Höhepunkt unseres Schaffens. Wir liegen nicht vor dem Fernseher und wir machen auch ansonsten keine Spießersachen.

Deswegen sind der Grillabend und das Bierzelt inzwischen ersetzt worden durch das kleine Schwarze, in das sich die Gemahlin zu zwängen hat, selbst wenn man nur für zwei Stunden zu Nachbars geht. Das Essen dort ist selbstredend auch nicht mehr irgendein Stück Fleisch, das man mal eben auf den Grill haut. Was sollten ansonsten auch die Gäste denken, die sich eigens aufgebrezelt haben? Nein, es gibt Spezialitäten, die gerne mal vom Herrn des Hauses gemacht werden, weil der moderne Mann von heute gerne mal kocht; ungefähr mit der selben Begeisterung, mit der unsere Väter in ihre Hobbykeller gegangen sind.

Hobbykeller gibt es inzwischen übrigens nicht mehr. Partykeller auch nicht mehr. Da lag früher die Gemütlichkeit begraben und in den feuchten Kellerwänden modert sie inzwischen auch vor sich hin. Heute trifft man sich im terrakottagefließten Wohnzimmer mit Einrichtungen, die Individualität vortäuschen sollen, meistens aber so aussehen, wie man sie in dem Musterwohnzimmer im Einrichtungshaus draußen auf der grünen Wiese gesehen hat. Man stößt dann mit Prosecco an, ehe es das selbst gemachte Irgendwas gibt – und hey, ganz ehrlich, ist das nicht ein ganz anderes Lebensgefühl als im Partykeller? Wir sind zwar die größten Spießer aller Zeiten in unserem aufgebrezelten Outfit, den Terrakotta-Böden und dem Supermarkt-Prosecco, aber wir fühlen uns wie gehobene Kreise früher in irgendwelchen puscheligen Salons.

Aber ich schweife gerade etwas ab. Zeit also, mal nur für uns und fürs Entspannen, haben wir einfach nicht mehr. Nicht, dass es so geplant gewesen wäre, es hat sich einfach so ergeben. Irgendwann sind wir da so reingerutscht, man ist ja dann auch noch in dem einen oder anderen Verein dabei und die Kinder haben die Konzertabende und in die Oper müssen wir ja wenigstens einmal im Jahr auch noch, obwohl wir von Opern nicht die geringste Ahnung haben. Aber wenn Sie in diesem gehobenen 40er-Mittelstand irgendwie überleben wollen, bitte merken: Oper ist ganz furchtbar wichtig, da muss man sich halt einfach mal drei Stunden an einem Abend im Jahr quälen. Und Rotwein. Auch ganz wichtig. Schwärmen Sie einfach grundlos von Oper und einem guten Rotwein und Ihr Ansehen in der 40er-Blender-Gesellschaft ist Ihnen sicher.

Und ist das nicht dann doch einfach schön? Rotwein und Oper statt Autowaschen und Partykeller? Und das Kind, das Torben-Hendrik heißt, ist das nicht ganz was anderes als der Thomas und der Michael von früher?

Der Preis dafür, dass wir mittlerweile so sind, wie wir sind, ist das Wochenende. Der Partykeller, der Hobby-keller, der Garten, das Rumlungern am Sonntag im Trainingsanzug: alles erledigt. Und das Wochenende gleich mit dazu.

26

München, Berlin, Dingolfing

Im vergangenen Herbst habe ich fast fünf Wochen in Berlin verbracht. Beinahe am Stück. Man kann also sagen, dass ich den Alltag dieser Stadt ganz gut kenne, zumal ich auch schon früher immer wieder in Berlin längere Zeit verbracht habe. Zusammengerechnet komme ich vermutlich auf einige Monate. Man kennt einen Moloch wie Berlin zwar dann immer noch nicht wirklich genau, ein Städte-Touri bin ich da aber sicherlich auch nicht mehr. Und immerhin, es gab mal Zeiten, in denen ich ernsthaft darüber nachgedacht habe, fest nach Berlin zu gehen.

Mit einem guten Freund, einem eingefleischten Berliner, habe ich früher immer wieder Debatten über Berlin geführt. Und dabei irgendwann bemerkt, dass ich vermutlich langsam alt werde und ein bisschen piefig mit dazu. Mein ein paar Jahre jüngerer Freund beispielsweise kann sich über Dinge in Berlin nicht aufregen, die mir schon länger furchtbar auf mein sensibles Gemüt schlagen. Unpünktliche S-Bahnen beispielsweise. Oder noch schlimmer: S-Bahnen, die gar nicht kommen. Berliner S-Bahnen sind notorisch unpünktlich und im Winter ist S-Bahn-Fahren in Berlin ein Lotteriespiel. Ob sie kommt oder nicht, das erfährt man dort durch Lautsprecheransage manchmal erst, wenn man schon ein paar Mal auf die Uhr geschaut hat und sich wundert, warum die Bahn schon wieder zehn Minuten zu spät dran ist. Man lernt es dann übrigens zu schätzen, wenn sich eine Bahn verspätet. Besser, als wenn sie gar nicht kommt.

Mein alter Freund findet das lustig. „Dit is Berlin", sagen Berliner dann gerne mit etwas Lakonie. Das sagen sie auch, wenn der Schnee mal wieder bis März liegen bleibt und die Reinigungsweise die ist, dass man einfach abwartet, bis der nächste Regen all das wegspült, was sich im Winter unter Schnee und Eis festgetreten hat. Da kommen dann im April schon mal Reste von Silvesterböllern zum Vorschein. Das findet man nur dann ungewöhnlich, wenn man sich auch über ausrangierte Weihnachtsbäume im Februar wundert, was in Berlin durchaus schon mal vorkommen kann.

Einen funktionierenden Flughafen hat Berlin schon seit Jahren nicht mehr. Der alte ist erst ab- und dann ziemlich provisorisch wieder aufgebaut worden. Der Neue lässt noch ein bisschen auf sich warten, mit Prognosen sollte man da vorsichtig sein. Die Tage habe ich gelesen, dass auch eine Eröffnung im Jahr 2015 allmählich als unwahrscheinlich gilt. Ich kann mich erinnern, dass ich mal 2006 von Tegel aus weggeflogen bin und mir dann jemand vom Abfertigungspersonal sagte, allzu oft würde ich sicher nicht mehr von dort aus abfliegen. Inzwischen war ich schon so oft wieder in Tegel, dass ich völlig verdrängt habe, dass es irgendwann mal einen Neuen geben soll. Woanders hätten sie alle möglichen Leute schon zum Teufel gejagt, in Berlin regen sie sich nicht sonderlich darüber auf. Ob er jetzt 2014, 2016 oder 2072 kommt, was spielt das schon für eine Rolle? Und wenn er gar nicht kommt, dann eben nicht. Der Berliner hat ein erstaunlich wurschtiges Verhältnis zu sich und seiner Stadt.

Was das mit unserem Alter zu tun hat? Eine Menge. Weil wir früher wahrscheinlich ebenfalls so wurschtig gewesen wären, wenn es sich um solche Dinge gedreht hat. Was soll man sich mit 20 oder 30 aufregen, weil mal irgendeine Bahn nicht kommt? Und eine schmutzige Straße? Also bitte, das ist was für echte Spießer, wenn man sich über so was aufregt. Wir sind ja auch schließlich früher (jaja, ich weiß, immer dieses „früher") mit Rucksäcken oder irgendwelchen alten und nicht immer ganz verkehrstauglichen Autos in den Urlaub gefahren, haben am Strand geschlafen und das Meer oder sonst irgendein Gewässer war dann auch mal unsere improvisierte Dusche. Es waren immer nur die piefigen Nachbarn, die am Samstagnachmittag ihre Garageneinfahrt so sauber kehrten, dass man von ihr hätte essen können. In Baden-Württemberg gibt es sogar die Institution der Kehrwoche – und wenn man früher eines sicher wusste, dann das: Kehrwochen und Straße fegen und entrüstete Anrufe bei der Stadtverwaltung und Leserbriefe an die Zeitung, wenn mal ein Bus zu spät kommt, das ist das Leben der anderen. Nicht unseres. Wenn man jung ist, interessiert man sich nicht mal dafür, ob überhaupt irgendein Bus kommt oder jemals eine Straße gereinigt wird. Hauptsache, die Party geht weiter. Eine gute Party und ein funktionierendes Leben, das waren früher nahezu deckungsgleiche Begriffe.

Und damit verlassen wir Berlin und kommen mal eben nach München. Man tut keiner der beiden Städte unrecht, wenn man feststellt, dass sie das glatte Gegenteil der jeweils anderen sind. Will man in Metaphern bleiben: Berlin ist so, wie man sich eine Stadt als 20-Jähriger wünscht. Wird man 40, stellt man fest, dass Berlin gut dafür ist, um dort mal ein Wochenende zu verbringen und Freunde zu besuchen. Der Rest sollte dann aber bitte in München stattfinden. München ist das stadtgewordene 40.

Über München habe ich mit vielen Berlinern diskutiert. Sie halten – grob gesagt – die Stadt für langweilig, für ein großes Dorf, für protzsüchtig und dabei doch kleinbürgerlichspießig. Gegen diese Einschätzung ist prinzipiell nichts einzuwenden. Aber mittlerweile fahren wir nicht mehr mit dem 20 Jahre alten Mercedes Diesel in Urlaub und nehmen eine Dusche im Meer, nein danke. Inzwischen haben wir sogar gelernt, was „valet parking" ist. Man nimmt ein paar Euro mehr in die Hand, lässt das Auto vor dem Terminal von einem Dienstleister abholen, parken und schließlich genau am Ankunftstag wieder an das Terminal bringen. Das hat nicht sehr viel mit irgendwelchem neureichen Geprotze zu tun, sondern hat einen einfachen Hintergrund: Man mag es plötzlich, wenn Dinge funktionieren. Muss ja nicht gleich das Luxusparken *am* Flughafen sein.

Oder umgekehrt: Es gibt in unserem Alter kaum etwas Schlimmeres als Dinge, die nicht funktionieren. Aus Schlampigkeit oder aus anderen Gründen, egal. Wir wollen, dass das Umfeld funktioniert. Berlin funktioniert nicht, deswegen nervt es uns, wenn wir länger als zu einem Wochenendtrip da sind. München funktioniert. Es ist auf eine gruselige Art und Weise genau so, wie wir nie werden wollten und dennoch geworden sind. Tröstlich ist, dass das bisher noch jedem passiert ist. Und dass wir die Generationen nach uns, die uns erzählen wollen, so wie wir werden sie nie sein, wissendmitleidig anlächeln können. Es reicht uns jedenfalls inzwischen völlig aus, ab und an mal in einem nicht-funktionierenden Umfeld zu sein. Drei Tage Berlin oder mal ein Adventure-Wochenende irgendwie etwas abseits der Zivilisation, dann fühlen wir uns wieder nach 1985. Und dann ist es auch wieder gut.

Damit setzen wir unsere kleine Reise durch Deutschland fort, um in einer beschaulichen Kleinstadt namens Dingolfing zu landen. Dingolfing liegt in Niederbayern, hat um die 20.000 Einwohner und sieht man von einem monströs großen BMW-Werk ab, das sich am Stadtrand ausgebreitet hat, ist Dingolfing eine Kleinstadt wie Hunderte andere in Deutschland auch.

Wenn man in einer Kleinstadt oder, noch gruseliger, in einem Dorf aufgewachsen ist, dann ist es eher ungewöhnlich, wenn man in jungen Jahren sagt: Mein Ziel ist es, in einer Kleinstadt oder einem noch kleineren Dorf später mal eine Doppelhaushälfte zu bauen, alle Nachbarn und womöglich sogar alle Einwohner zu kennen, mit ihnen das komplette Jahr zu verbringen in einem Turnus, der mit „regelmäßig" noch sehr vorsichtig umschrieben ist. Die allermeisten von uns Provinzkindern haben sich gesagt: Ich will hier raus! Weg! Ausreißen! Diese lähmende Ordnung, diese Kehrwochen-Mentalität, dieses Golf-vor-der-Garage-Leben, das schien uns damals vergleichbar mit dem lebendig in einer Gruft begraben sein. Umgekehrt weiß man nur von sehr wenigen Großstadtkindern, deren Traum es schon immer war, sofort nach dem Ende der Schulzeit in ein kleines Dorf in, sagen wir, Niedersachsen zu ziehen. Nach Fallingbostel oder Großenkneten. Dorthin wurden bestenfalls verhaltensauffällige Städter verschickt, in der Hoffnung, dass sie der Anblick von Kühen und Dorfmenschen so erschreckt, dass sie zurück nach Berlin und Hamburg kommen und fortan mustergültig leben. Provinzleben hat in jungen Jahren bestenfalls abschreckenden Charakter.

Wir wollten also raus da, unbedingt. Und bestenfalls wiederkommen, wenn irgendjemand Geburtstag hat. Oder Klassentreffen sind. Klassentreffen in einer Kleinstadt, manchmal auch in den Großstädten, sind eine moderne Form von Elendstourismus, vor allem in den

Jahren zwischen 30 und 40. Selber hat man das Gröbste irgendwie hinter sich gebracht, man ist irgendwie etabliert, in was auch immer. Man lebt nicht mehr in der Studentenhütte, hat irgendeinen Titel – und wenn es nur Key Account Manager bei einer mittelgroßen Versicherung ist. Hört sich aber gut an, wenn man als Key Account Manager in einer aufregenden Stadt wie beispielsweise Stuttgart oder Hannover lebt und dann zurückkommt zur Stippvisite nach Kleinbömmelshausen. Da leben sie immer noch in ihren 70er-Jahre-Neubausiedlungen, aus denen so langsam etwas modriger Geruch steigt. Sogar der eine oder andere aus dem alten Klassenverbund hat den Absprung nie geschafft oder ist nach ein paar Jahren wiedergekommen. Über die lacht man am meisten: Schon mal draußen gewesen sein und dann nach ein paar Jahren wieder zurückkommen. Memmen, elende. Provinzler, eingerostete. So was lässt sich jedenfalls trefflich begutachten bei solchen Klassentreffen, die vor allem einen Effekt haben: Man fährt zurück in das Leben als Key Account Manager nach Hannover und findet danach, dass man eigentlich das meiste richtig gemacht habe.

So könnte man weiterleben und nicht ganz wenige tun das auch. Irgendwie muss dieses Land ja sein Kontingent an Key Account Managern besetzen. Und trotzdem, mit steigendem Alter stellt man an sich selbst eine zunehmende Milde im Umgang mit der alten Provinz fest. Falls Sie jetzt schon 40 sind und sich gerade denken, davon aber mal noch so gar nichts zu bemerken: Ich gebe zu, dass das zu den Phänomenen gehört, die sich möglicherweise erst bei uns Spätvierzigern einstellen. Dann aber findet man die Doppelhaushälften und die bis zur Leblosigkeit gesäuberten Siedlungen plötzlich gar nicht mehr so unerträglich. Man freut sich plötzlich sogar insgeheim, denjenigen zu begegnen, die nie oder nur kurz weggegangen sind. Sie sind immerhin die beste Informationsquelle, die man sich nur wünschen kann. Für die Zustände im Ort, die man plötzlich vielleicht nicht gerade als interessant und schon gleich gar nicht als wichtig wahrnimmt. Aber wenigstens: amüsant. Es gibt nichts Spannenderes als Menschen. Andere Menschen. Solche, die man kennt oder wenigstens mal gekannt hat. So banal können die Geschichten gar nicht sein, als dass man ab einem bestimmten Alter sich nicht dafür interessieren würde, wie missraten die Kinder des Nachbarn geworden sind oder dass die Flamme von einst zunehmend unansehnlich wird. Bevor Sie jetzt denken, das sei nur etwas für Misanthropen: Nein, selbstverständlich freuen wir uns auch über die guten Nachrichten, man gönnt ja den anderen auch was. Selbst, wenn die schlechten Nachrichten die eindeutig witzigeren sind.

Man stellt aber schnell fest, ist man dann mal ehrlich mit sich selber, dass Hannover oder Stuttgart auch nichts anderes sind als ein Dingolfing in groß. Nur dass an Dingolfing Erinnerungen hängen, die man mit Hannover nie verbinden wird, selbst wenn man dort eines Tages alt und grau werden sollte. „Home is where the heart is", sagt der Engländer zu diesem Thema. Stimmt – und man möchte ergänzen: Und nicht da, wo der Briefkasten hängt. In Dingolfing würde man es noch schlichter auf den Punkt bringen: dahoam is dahoam.

Kann es also sein, dass es ein untrügliches Zeichen fürs Älterwerden ist, wenn man sich mit seiner Provinz und seine Herkunft versöhnt? Mit den ganzen Jahren, in denen man hauptsächlich damit beschäftigt war, nicht so zu werden wie die anderen, die Daheimgebliebenen, die Provinz, die eigenen Eltern? Dass man sich über die puscheligen 70er, die geschmacklosen 80er, die seltsam konturlosen 90er (ich sag nur: Techno, die konturloseste Musik aller Zeiten) nicht mehr aufregt, sondern sich eher darüber amüsiert? Zur Altersweisheit, die man uns seit Jahren versprochen, die sich aber bisher noch nicht eingestellt hat, könnte möglicherweise auch gehören, die Dinge gelassener zu sehen. Die Berliner ihr Berliner Chaos veranstalten zu lassen, die Münchner ihr kuscheliges Millionendorf toll finden zu lassen – und sogar zu akzeptieren, dass es Menschen gibt, die ihr ganzes Leben lang freiwillig in ihrer Provinz geblieben und dabei vielleicht sogar glücklich geworden sind.

Ich kann dazu tatsächlich ein paar Worte sagen. In den letzten Monaten hat mich meine Heimatstadt Dingolfing oft wiedergesehen. Und plötzlich, das muss diese Altersmilde sein, die sich ja angeblich auch noch einstellt, zaubern einem Dinge, die man vor Jahren noch gruselig fand, ein Lächeln auf die Lippen. Vor ein paar Tagen beispielsweise bin ich beim Einkaufen einem begegnet, dem ich schon vor 30 Jahren da begegnet bin. Man begegnete ihm eigentlich immer samstags beim Einkaufen beim örtlichen Großsupermarkt, den es da vor 30 Jahren schon gegeben hat. Er war ziemlich aufgeregt, weil über einen gemeinsamen Bekannten von uns an dem Tag etwas in der heimischen Zeitung stand. Was sehr großes. Gottseidank hatte ich das Blatt gerade eben gekauft. Ich erfuhr dann, dass mein alter Freund Harry irgendwie die „Stimme Niederbayerns" sei (er arbeitet beim Radio, muss man dazu wissen). Nicht, dass ich das nicht schon lange gewusst hätte. Aber es ist schön, wenn man das quasi halbamtlich durch die inoffizielle Stimme Dingolfings, der Zeitung vor Ort erfährt. Das Foto war zwar ein brutaler Generalverstoß gegen jegliche Regeln der Fotografie. Aber wen interessiert das schon, wenn man samstags den alten Freund auf einem Foto in der Zeitung sieht.

Ach ja, das Blatt. Sie verzeihen mir, dass da dann doch der Journalist in mir durchbricht. Das Blatt ist der „Dingolfinger Anzeiger". Und auch so etwas, womit man sich erst versöhnen muss. Es war das erste Blatt, bei dem ich gearbeitet habe. Ich dachte damals, es sei die journalistische Welt. Mindestens. Mein Kosmos begann irgendwo in Dingolfing, immerhin die Kreisstadt, und er endete exakt an den Landkreisgrenzen. Es hat dann doch nicht so rasend lange gedauert, bis ich festgestellt habe, dass dahinter doch noch etwas kommt. Ich lernte eher schmerzhaft, dass dahinter noch eine ganze Menge kommt und dass der „Dingolfinger Anzeiger" dann doch nicht die „Süddeutsche Zeitung" ist. Später kam die Phase, in der ich das Blatt einfach nur furchtbar fand und es mir richtiggehend peinlich war, dort gearbeitet zu haben. Wenn mich jemand fragte, wo ich angefangen habe, murmelte ich meistens nur ein undeutliches „Dngfnegr Anzr" und in Bewerbungsschreiben hätte ich das ebenfalls am liebsten verschwiegen.

Als ich dann, um wieder auf meine Begegnung im Einkaufszentrum zurückzukommen, danach den Bericht über unseren gemeinsamen Bekannten las, fand ich das einfach nur großartig. Natürlich, journalistisch war daran so ungefähr alles falsch und besonders lustig fand ich den Begriff „gekänzelt", der da wirklich so stand. Aber weil ich mich mit Dingolfing und dem „Dingolfinger Anzeiger" lange versöhnt habe, fand ich das eigentlich putzig, schön und irgendwie heimelig.

Harry und ich nennen das Blatt übrigens gelegentlich unter uns den Koran. Oder die Prawda. Wir meinen das kein bisschen böse.

27

Kinder, Kinder

Man kann sich für ein Leben ohne Kinder entscheiden und dann einfach weiterleben. Und man kann sich für ein Leben mit Kindern entscheiden. Dann aber ist nichts mehr mit einfach weiterleben. Es ist nicht mal mehr was mit „ein bisschen anders leben". Die Entscheidung für Kinder bedeutet, dass man am besten sein eigenes Leben für 10 bis 15 Jahre komplett aussetzt und auch nach dem Ablauf dieser Mindestfrist erst sehr langsam und behutsam beginnt, wieder in das Leben einzusteigen, von dem man vorher dachte, es sei das eigene.

Das hat uns natürlich vorher niemand gesagt. Und wenn es uns jemand gesagt hätte, dann hätten wir das vielleicht geglaubt, aber uns die wahre Dimension nicht vorstellen können. Was vielleicht auch gut so ist. Wüsste man das alles vorher schon so ganz genau, die Kinderquote in Deutschland würde vermutlich unter ihr ohnehin schon ziemlich bescheidenes Maß fallen.

Wissenschaftler haben sich übrigens auch darüber Gedanken gemacht. Nüchtern, wie es nun mal ihre Art ist, schreiben sie davon, dass Kinder kein „universelles Glücksrezept" sind (hatten wir es uns doch irgendwie gleich gedacht). Im Gegenteil, das belegen eine ganze Menge anderer Untersuchungen: Kinder sind sogar ein ziemlich großes Risiko für eine bis dahin noch ganz ordentlich funktionierende Beziehung. Das klingt erst einmal ziemlich brutal, weil es ja common sense unserer Gesellschaft ist, dass Kinder gefälligst glücklich zu machen haben. Zu jeder Zeit. Und für alle sichtbar. Es gibt nicht ganz wenige Menschen, die auch ihr trautes Heim nach der Geburt des Erstlings zu einem kompletten Kindsalter umbauen. Fotos von den lieben Kleinen an allen Wänden, daneben atemberaubende Krakeleien, die das ganze unfassbar große Talent der Kinder belegen. Das ganze Haus wird auf die Wünsche und Bedürfnisse der Kinder umgebaut. Im Nachhinein ist man natürlich schlauer, sonst wüsste man schon in diesem Moment, dass es nur eine eingeschränkt gute Idee ist, sein ganzes Leben und am Besten auch noch gleich sich selbst komplett aufzugeben, damit die Kinder zu ordentlichen Tyrannen heranwachsen können.

Dabei wissen Wissenschaftler auch andere Dinge. Bevor sie hier grob und selbstverständlich unzulässig verkürzt präsentiert werden, ein kleiner Hinweis: Das alles wissen oder ahnen wir Eltern schon lange. Aber es ist immer wieder schön, wenn aus einem flauen Gefühl irgendwo in der Magengegend sozusagen empirisch erwiesene Gewissheit wird. Demnach ist man mit Kindern erstmal glücklich. Wenigstens für ein paar Jahre.

Dann kommt das Schulalter.

Und damit (Achtung, schönstes Wissenschafts-Deutsch) sinkt die Zufriedenheit. Nein, nicht bei den Kindern, bei denen natürlich vermutlich auch. Sondern bei uns Eltern. Man sollte also demnach vorsorglich bis zum Eintritt in die Schule Glücksgefühle auf Vorrat tanken. Das tun die meisten übrigens auch: Auf einer Glücksskala zwischen null und zehn steigt in Deutschland das Wohlempfinden erstmal um statistisch einen halben Punkt. Das klingt erstmal nicht nach viel. Ist es aber doch, wenn man sich andere einschneidende Lebensereignisse mit negativen Vorzeichen anschaut: Eine Scheidung oder unerwartete Arbeitslosigkeit haben den gleichen Effekt nach unten.

Falls Sie Eltern mehrerer Kinder sind, wissen Sie vermutlich auch das: Dieser halbe Glückpunkt ist leider nur ein weitgehend einmaliger Effekt. Beim zweiten Kind ist der Effekt schon fast nicht mehr messbar. Beim dritten Kind attestieren die Wissenschaftler, dass man froh sein könne, wenn die Stimmung nicht in den Keller sinke.

Glücklicher als kinderlose Paare sind wir Eltern sowieso nicht allzu lange. Zwar gibt es Unterschiede, die davon abhängen, ob man in eher jungen oder doch etwas späteren Jahren Nachwuchs bekommt. Bei denjenigen, die irgendwann zwischen 25 und 35 das erste Kind bekommen, hält das Glücksgefühl etwas länger. Sicher aber ist: Nach vier Jahren ist man genauso glücklich oder unglücklich wie kinderlose Menschen auch. Das ist nicht allzu viel, bedenkt man, was nach den vier Jahren noch alles kommt. Der von den Wissenschaftlern erwähnte Eintritt ins Schulalter mag so ein Einschnitt schon sein. Aber wer das Vergnügen von pubertierenden Kindern hatte, die ihre Eltern ohne nähere Angaben von Gründen plötzlich nur noch doof finden, der weiß, dass so ein Tag mit der ersten Schultüte ein glatter Kindergeburtstag ist. Es ist ein eher zweifelhaftes Vergnügen, wenn die pubertierende Tochter zum ersten Mal spät abends von einem jungen Mann mit quietschenden Reifen nach Hause gebracht wird oder man sie von der Schule abholt, wo sie sich wild knutschend von einem Pickelgesicht verabschiedet, dass sie ihren Freund nennt. Dabei ist Pickelgesicht nur ein kleiner Dorfdepp, dem in diesem Moment nicht klar ist, dass er sich gerade in höchster Lebensgefahr befindet.

An dieser Stelle muss ich mich übrigens für einen kurzen Augenblick von der strengen Objektivität und Faktentreue verabschieden, die dieses Buch bisher so ausgezeichnet hat. Die folgenden Zeilen wollen Sie bitte als einen kurzen emotionalen Moment aus der Sicht eines Vaters pubertierender Töchter verstehen:

Der natürliche Feind des Vaters pubertierender Töchter ist der junge Mann im Alter zwischen 14 bis 18 als solcher. Umgekehrt ist es demnach folgerichtig und konsequent, wenn man sich als Vater pubertierender Töchter als natürlicher Feind der jungen Männer zwischen 14 bis 18 als solche betrachtet und diese Rolle konsequent ausfüllt. Töchter, und seien sie noch solche Rotzlöffel, sind immer Papas Prinzessin, selbst dann, wenn man mit 40 eigentlich schon zu innerer Ruhe und Gelassenheit gefunden haben sollte. Die Prinzessin lassen wir uns von niemandem wegnehmen, schon gleich gar nicht von einem hergelaufenen Pickelgesicht. Der junge Mann als solcher sollte sich darüber im Klaren sein, dass er bei uns nicht auch nur den Hauch einer Chance auf Sympathie hat. Da kann er tun was er will. Ist er ein anständiger, wohlerzogener, gut gekleideter junger Mann mit guten Manieren, heißt das im Grunde nur, dass wir uns für unsere Tochter nicht so einen langweiligen Schleimbeutel wünschen, der später mal zuverlässig in einer Bank oder einem anderen menschenfeindlichen System landet. Ist er ein rechter Draufgänger, muss er ständig damit rechnen, dass wir ihn mit der Schrotflinte in der Hand an der Haustür empfangen. Man will sich ja schließlich seine Tochter nicht von so einem dahergelaufenen Bauernburschen versauen lassen.

Daran, das ahne ich jetzt schon, wird sich bis ins hohe Alter nichts ändern. Ich kenne Fälle von 70-jährigen Vätern, die den dringenden Wunsch verspüren, dem Ex-Schwiegersohn ungefähr jeden erreichbaren Knochen einzeln zu brechen, weil der seine Tochter verlassen hat. Der Wunsch ist umgekehrt genauso da, wenn es die Tochter war, die den Burschen verlassen hat. Wusste man es doch gleich, dass der Kerl nichts taugt.

Mütter sind da anders. Mütter führen vertrauensvolle Gespräche mit ihren pubertierenden Töchtern, die sich vornehmlich um solche Dinge drehen, dass man jetzt mal den Gynäkologen aufsuchen und über ein Rezept für die Pille verhandeln solle. Der Gebrauch von Kondomen sei zudem anzuraten. Als Vater neigt man in diesem Fall zur Selbstjustiz und plädiert für die Einführung der straffreien Kastration räudiger 16-Jähriger.

Das mag man als Vater von pubertierenden Jungs komplett anders sehen. Da findet man es wahrscheinlich aufregend, was für ein toller Hecht der Bub doch ist. Und wie er sich die Mädels quasi aussuchen kann. Nachdem ich keine Söhne habe, kann ich das nicht wirklich beurteilen. Ist ja auch egal. Junge Männer, falls ihr oder eure Eltern das lest: Sagt nicht, ich hätte euch nicht gewarnt.

Jedenfalls bin ich rückblickend einigermaßen froh darüber, nicht kastriert worden zu sein. Und ich danke den Papas meiner ersten kleinen Abenteuer, dass sie gnädig mit mir waren. Schließlich war ich ja auch mal so ein räudiges Pickelgesicht. Immer wieder erstaunlich jedenfalls, wie man mit 40 den Rollenwechsel so perfekt hinbekommt. Man wird zu dem, wovor man früher Angst hatte.

Aber um auf das eigentliche Thema zurückzukommen: Uns Vätern und Müttern fehlen also ein paar Jahre unseres eigenen Lebens, liebe kinderlose Leidensgenossen, um die ihr uns Eltern womöglich auch noch beneidet. Und es gibt angesichts eines heutigen durchschnittlichen Lebenslaufs eine beträchtliche Wahrscheinlichkeit, dass das die Jahre zwischen 30 und 40 sind. Das erklärt – wenigstens teilweise – warum es in den Jahren ab 40 zwei ausgeprägte Verhaltensvarianten zu beobachten gibt.

Entweder, man ist völlig in der Papa-Mama-Rolle aufgegangen. Das führt dann soweit, dass wir das tun, was wir bei unseren Eltern und Großeltern immer so ulkig fanden: Wir nennen uns gegenseitig „Mama" und „Papa". Meine Großeltern beispielsweise sind irgendwann vollständig zu dieser Praxis übergegangen. Ich bin nicht mal sicher, ob sie sich ab ihrem 40. Lebensjahr noch ein einziges Mal anders angesprochen haben, als mit dieser eher funktionalen Bezeichnung. Die Bezeichnungen „Mama" und „Papa" jedenfalls sind so etwas wie die Austrittserklärungen aus dem Leben als eigenständiger Mensch. Man ist dann Mama und Papa und alles was man tut, ist darauf ausgerichtet, dieser Rolle gerecht zu werden. Nebenbei bemerkt glaube ich übrigens auch, dass Mamas und Papas allmählich auch ihre sexuellen Aktivitäten weitgehend einstellen. Mama und Papa, das hat schon so was potenziell Unerotisches an sich. Ganz davon abgesehen haben Eltern keinen Sex, weil sich Kinder nicht vorstellen können, dass Eltern noch Sex haben. Daneben spielen praktische Erwägungen auch noch eine Rolle. Wer jemals nach einem richtigen Kindertag abends ermattet in die Federn sinkt, hat weder die Energie noch die

Lust auf irgendwelche Spielchen in den selbigen. Zumal man jederzeit damit rechnen muss, dass die lieben Kleinen den Ort des Geschehens unangemeldet betreten. Es soll Menschen geben, die aus der Gefahr, erwischt zu werden, erst ihren richtigen Kick beziehen. Falls man nicht zu dieser Kategorie gehört, lässt man es lieber bleiben.

Die zweite Reaktion auf das Größerwerden der Kinder ist ein sofortiges und unbändiges Nachholen dessen, was man in den vergangenen 15 Jahren mutmaßlich versäumt hat. Dazu kann das Wiederaufleben sexueller Leidenschaften gehören, aber das ist nicht der entscheidende Punkt. Man verspürt eher mit, sagen wir, 45 den dringenden Wunsch, endlich mal wieder in Urlaub zu fahren. Und zwar dahin, wohin man will. Nicht dorthin, wo es auch Kinderbetten, einen Strand, Tretboote und Pommes gibt. Am besten irgendwohin, wo es gar keine Eltern und ihre Kinder gibt. Mittlerweile gibt es sogar Hotels, die ausdrücklich als „kinderfrei" beworben werden. Ganz schön clever, diese Tourismusbranche.

Tatsächlich aber gibt es auch im Alltag eindeutige Spuren der Befreiung. Man schaut sich im Fernsehen wieder alles an, was man will. Man liest wieder Bücher, die man schon immer lesen wollte (oder noch besser: man schreibt eines). Man gewinnt die Herrschaft über das Musikprogramm im eigenen Haushalt wieder zurück. Man sieht Lehrer plötzlich wieder als mögliche nette Zeitgenossen und nicht als die Pädagogik-Monster, die einem das Leben der eigenen Kinder ruinieren. Kurzum, man gewinnt langsam wieder Freiheit und damit auch die Kontrolle über das eigene Leben wenigstens ein bisschen zurück. Das passt ganz gut mit all den anderen Gedankengängen zusammen, die man als 40-Jähriger so hat.

Zumal speziell pubertierende Kinder auch noch eine andere unangenehme Eigenschaft haben. Sie konfrontieren uns tagtäglich damit, dass wir spießige, langweilige, alte Säcke und Säckinnen geworden sind. Das Benehmen pubertierender Kinder ist ein einziger teeniegewordener Vorwurf: Ihr seid so uncool! Ihr habt ja gar keine Ahnung! Wenn ich mal Kinder habe, dann erziehe ich die aber ganz anders! Das hätten wir uns nie zu träumen gewagt, nachdem wir früher sinngemäß genau das gleiche zu unseren Eltern gesagt haben. Natürlich wollten auch wir alles anders und besser machen.

Dumm nur, dass wir inzwischen bei der Musik, die unsere Kids hören, Ohrensausen bekommen. Dass wir über das, was sie sich anschauen, den Kopf schütteln. Schon alleine deswegen, weil sie es nicht mehr im Fernsehen tun, sondern auf YouTube. Ja, sie wissen nicht mal mehr das gute, alte Fernsehgerät als den heimeligen und heimischen Sammelplatz für geregeltes Familienleben zu schätzen. Ihre Videos schauen sie sich auf YouTube an. Alleine. Vor dem Smartphone mit den Kopfhörer drauf. Und selbst dann, wenn wir sie irgendwie unter Androhung von Gewalt dazu bringen, sich mit uns vor den Fernseher zu setzen, sind sie da, ohne da zu sein.

Kinder bringen es heute fertig, einen ganzen Abend lang gleichzeitig in den Fernseher und ihr Smartphone zu starren. Irgendwas pfeift und piepst da immer und nach einem flüchtigen, heimlichen Blick auf ihre Displays möchte man auch lieber gar nicht so genau wissen, mit wem sie da gerade was besprechen. Meine damals 14-Jährige beispielsweise chattete beim Fernsehabend auch schon mal mit jemandem, der in seiner virtuellen Identität irgendwas mit „Penis" und „ < 3" zu tun hatte. Für uns Alte übersetzt also vermutlich jemand, der sein eigenes Genital herzig findet. Oder so ähnlich, was weiß man schon? Ich jedenfalls wollte es lieber nicht so genau wissen.

Eigentlich kapieren wir das alles nicht mehr so ganz. Was an Videoschnipseln lustig sein soll, in denen sich bei YouTube Männer als Frauen verkleiden und albernes Zeug brabbeln. Oder wie man es aushält, dass man am Tag mehrere Hundert Nachrichten bekommt, die in erster Linie aus merkwürdigen Abkürzungen, Smileys, Herzchen und anderen Merkwürdigkeiten bestehen. Und diese Musik erst, diese Musik!

Aber sieht man von dem darauffolgenden Gedanken ab, warum sich heute 14-Jährige Spitznamen geben, die irgendwas mit Penis zu tun haben, stellen sich dann beim gemeinsamen Fernsehabend mit der Tochter und dem Penis noch ein paar andere Überlegungen ein.

Man bemerkt dann, in der Welt seiner eigenen Kinder nicht mehr wirklich zu Hause zu sein, letztlich also genau das zu tun, was man den eigenen Eltern immer an den Kopf geworfen hat. Vielleicht sind wir ja einfach humorlos und spießig geworden, eventuell ist ja der Penis wahnsinnig lustig und wir merken es einfach nur nicht mehr.

28

Mama, Papa

Manche Dinge ändern sich nie. Den Rollenwechsel vom räudigen Pickelgesicht hin zum gestrengen Vater, den meistern wir mühelos. Wir haben es in langen Jahren geschafft, vom ahnungslosen Praktikanten zum Chef zu werden, der jetzt diese ahnungslosen Praktikanten ordentlich rundmacht. Früher waren wir Schüler, heute sind wir Lehrer. Es gehört also zwangsweise zu diesem Alter, dass wir irgendwann mal in unseren neuen Rollen ankommen müssen. Wenn man das mit 40 nicht geschafft hat, wird das erstens nie was und zweitens muss man damit rechnen, weder von den Jüngeren noch den Gleichaltrigen auch nur ansatzweise ernst genommen zu werden.

Nur eines sind wir selbst mit 40 noch: Kinder. Die unserer Eltern nämlich. Das ist ein bisschen komisch, wenn man gerade eben noch Praktikanten und die eigenen Kinder runtergemacht sowie den Schülern in der Schule mal eben einen Verweis verpasst hat. Wenn man dann plötzlich wieder heimkommt zu Mama und Papa, dann sind die zwar mittlerweile im

Regelfall schon Menschen, die irgendwas mit den 70 zu tun haben, und natürlich maßregeln sie uns nicht mehr ganz so wie früher, aber man weiß, dass das theoretisch sofort wieder der Fall sein könnte. Wenn Papa und Mama was sagen, dann sind das immer noch Mama und Papa. Selbst dann, wenn wir seit 30 Jahren nicht mehr – wie es früher so schön hieß – unsere Füße unter ihren Tisch strecken.

Mama und Papa erinnern uns allerdings auf manchmal unangenehme Art auch an anderes. Wenn man sie sich dann so anschaut, mit ihren Zipperlein, die sie selbst dann haben, wenn sie in einem für ihr Alter erstaunlich guten Allgemeinzustand sind – das führt uns dann vor Augen, dass alles irgendwann mal zu Ende geht. Man muss ja nicht gleich an so unerfreuliche Dinge wie den Tod denken, es reicht schon, wenn man sieht, dass die Bewegungen langsamer werden, der Papa schlechter hört und die Mama etwas schwerfälliger von Begriff geworden ist. Das bleibt uns im Verhältnis zu unseren eigenen Kindern vorerst erspart, vorerst können wir uns wenigstens noch ein bisschen als Autoritäten aufführen. Bei unseren eigenen Eltern merken wir, dass es zunehmend schwerer fällt, eine Autorität anzuerkennen, die sich zunehmend mehr um Arztbesuche kümmern muss. Für einen flüchtigen Augenblick hat man dann sich selbst vor Augen, wie einem die eigene Tochter über den Kopf tätschelt und im gönnerhaften Ton sagt: Ja klar, schon gut, Papa.

Aber auch hier sind es einfache Rechenspiele, die uns zu denken geben. Waren die vergangenen 20 Jahre zwischen 20 und 40 nicht ein Klacks? Nicht etwa eine Zeit, die rasend schnell vorübergegangen ist? Wenn man sich das überlegt und so wie ich das fünfte Lebensjahrzehnt beinahe hinter sich hat, dann bekommt man eine leise Ahnung, dass es gar nicht mehr so lange dauert, bis sich unsere eigenen Unterhaltungen um Urologen und andere unangenehme Zeiterscheinungen drehen werden. 20 Jahre, das ist nicht viel Zeit, wie wir inzwischen mit unseren 40 ganz gut wissen. Dann sind wir Rentner, im besseren Fall fröhliche Großväter und gut gelaunte Omas, die finden, dass dieses Leben bis hierher doch eigentlich ganz o. k. war – und dass es jetzt mal andere sind, die machen sollen, man selber hat jetzt eindeutig genug für die Welt getan. Wenn es nicht ganz so gut läuft, sind wir kaum mehr ansprechbar oder gar nicht mehr da.

Deshalb wird´s jetzt doch noch etwas ratgeberisch und halbphilosophisch: Solange es noch geht, wäre es vielleicht eine ganz gute Idee, noch ein bisschen zu leben bis dahin.

Und mit Mama und Papa etwas gnädiger zu sein.

29

Oma, Opa: Wir kommen!

Was bleibt eigentlich noch, wenn man 40 ist? Oder, wie in meinem Fall, beinahe 50. Beruhigend ist es ja, dass man weiß, dass diese Geschichte mit den Dingen, die man früher für unvorstellbar hielt, auch weiterhin funktioniert. Wir können uns beispielsweise nicht vorstellen, dass mal jemand „Opa" zu uns sagt. Also, so richtig ernsthaft und nicht als netten Spott. Dabei wird meine große Tochter nach Abschluss dieses Manuskripts 15 sein und zumindest biologisch sollte man in Erwägung ziehen, dass dieses Konstrukt so unwahrscheinlich gar nicht mehr ist. Trotzdem würde ich gerne die Gelegenheit nutzen, den jungen Mann vorzuwarnen, der dann dereinst mal, na, ihr wisst schon: Ich bin durchaus gewaltbereit.

Zu Opa und Oma zu werden, das ist der nächste große Rollenwechsel, der uns bevorsteht. Momentan fühlt sich das noch so unwirklich an wie damals, als wir 13 oder 14 waren, und uns die ersten mahnenden Stimmen daran erinnerten, dass wir jetzt bald erwachsen würden und uns bitte entsprechend zu benehmen hätten. Theoretisch wussten wir das, in der Praxis schien uns das unvorstellbar und zudem noch ziemlich weit weg: In ein paar Jahren sollten wir Autofahren und wählen? Und uns jeden, wirklich jeden Film anschauen dürfen, selbst wenn er noch so brutal oder schweinigelig ist? Bestimmt ein tolles Gefühl, aber momentan eben noch unvorstellbar.

Tatsächlich wäre ich nicht der erste, der an der Schwelle zur 50 Großvater ist. Früher war das vermutlich sogar eher die Regel denn die Ausnahme. Bei den Generationen zuvor denken wir uns allerdings: Da kann der Übergang nicht so schwer gewesen sein. Männer und Frauen mit 50, die waren in den Generationen vor uns schon einfach wegen ihres Alters und des damit verbundenen Aussehens Opas und Omas. Das änderte sich teilweise schon bei unseren eigenen Eltern, die nicht mehr zwingend opahaft daherkamen. Und heute? Ich fühle mich nach allem Möglichem, aber als Allerletztes fühle ich mich wie ein Großvater in spe.

Dabei geht es uns ja gar nicht um einen Jugendwahn und den zwanghaften Versuch, für immer jung zu bleiben. Es ist eher anderes, was man zunehmend beklemmend findet: Opa und Oma zu werden, und sei es erstmal nur in der Theorie, das bedeutet auch, dass die letzte Etappe eines Lebens markiert wird. Zumindest deren Beginn. Diese Etappe kann noch ganz schön lange gehen. Mein Großvater beispielsweise, der ist 91 geworden. Erreiche ich sein Alter, dann habe ich noch über 40 Jahre vor mir. Aber diese Etappe, sie ist eben doch die letzte. Wir könnten irgendwann theoretisch auch noch Urgroßeltern werden, aber was macht das noch für einen Unterschied? Opa ist Opa.

Mit allen unangenehmen Konsequenzen: Wir ahnen, dass irgendwann mal in den kommenden Jahren wohlerzogene junge Menschen aufstehen und uns ihren Platz in der U-Bahn oder im Bus anbieten werden. Wir wissen sehr genau, dass wir die nächste Generation sind, die sich dann mal in größerer Zahl von diesem Planeten verabschieden wird. Wir wissen auch, dass die Zukunft ohne uns gestaltet wird, selbst dann, wenn wir noch quietschfidel sein sollten. Aber dass es nicht die 60-Jährigen sind, die die Zukunft bestimmen, das leuchtet ein und das ist ja auch gut so.

Vermutlich ist es auch genau das, was bedrückend wirkt: Egal, aus welchem Alter wir bisher rausgewachsen sind, egal, welche Wandlung wir gerade mal wieder durchgemacht haben, wir wussten immer, dass danach irgendwas anderes, etwas Neues kommt. Nach dem Opa kommt nix mehr. Opa ist vielleicht noch nicht die Endstation, jetzt, wo wir dann 50 und irgendwann mal 60 werden. Aber es fühlt sich an wie die letzte Fahrt eines Zuges auf das Abstellgleis, kann dauern, kann noch mal lustig werden, aber das Ziel ist eben: das Abstellgleis.

Irgendwo am Endbahnhof.

30

Veränderungen: Es hilft ja nix

Jede Generation hat ja mittlerweile ihr eigenes Buch. Die sind meistens ein wenig nostalgisch und natürlich geht jede, wirklich jede Generation von mindestens zwei Dingen aus.

1. Wir waren einzigartig, das gab's nur bei uns.
2. So wie früher bei uns wird's nie wieder.

Das ist erstmal nichts anderes als ein menschliches Phänomen, das sich bis in die kleinsten Keimzellen menschlichen Lebens fortsetzt. Es gibt keine Generation, die sich nicht für einzigartig hält. Je älter wir werden, desto schlimmer wird dieses Gefühl. Gerne gepaart übrigens mit der Auffassung, dass die Welt heutzutage immer komischer wird. Das muss so sein, weil diese Auffassung die Grundlage für spätere Klassentreffen ist. Würde man sich bei so einem Klassentreffen eingestehen müssen, eine ganz normale Klasse gewesen zu sein, an die sich heute an der Schule und bei den ehemaligen Lehrern kein Mensch mehr erinnert, dem Treffen wäre jegliche Grundlage entzogen. Die Frage „Weißt du noch?" impliziert ja immer, es sei etwas Besonderes passiert. Wenn aber nix Besonderes passiert und man einfach nur so grau und langweilig wie alle anderen ist, was soll man dann noch groß reden? Zumal es ein eher unschönes Gefühl ist, wenn man sein eigenes und das Leben einer ganzen Generation in einem Satz zusammenfassen kann: Nix Besonderes, so wie bei allen anderen halt auch. Tief in der menschlichen DNA verankert liegt irgendwo der Wunsch, nicht nur Mittelmaß gemacht zu haben.

Jede Generation denkt von sich also erstens, sie sei einzigartig gewesen und zweitens, dass alles, was jetzt noch kommt, eh nix taugt. Auch das braucht man für den eigenen Selbstwert: Würde man zugestehen, dass die Generation nach uns sehr viel cleverer und intelligenter ist als wir selber, wir würden uns selbst ein Armutszeugnis ausstellen.

Vermutlich dachten sie das schon vor 200 Jahren. Was sollten Generationen, die Beethoven, Bach, Mozart, Bismarck und Napoleon hervorgebracht hatten, auch anderes denken als: Es wird nie wieder Beethoven, Bach, Mozart, Bismarck und Napoleon geben. Sogar unsere Vorgänger konnten sich rühmen, Lennon, McCartney und die Beatles erlebt zu haben. Insofern muss man sich tatsächlich ein bisschen Sorgen machen, wenn man in den 80ern groß geworden ist und auf die Neue Deutsche Welle und Helmut Kohl verweisen muss. Obwohl, Kohl wird ja mittlerweile auch zum großen Staatsmann hochgeschrieben und wenn meine Enkel dereinst auf das Helmut-Kohl-Gymnasium gehen, werde ich sagen: Das gab's eben

nur zu unserer Zeit – und was habt ihr? Eine Bundeskanzlerin namens von der Leyen (verbunden mit
einem missbilligenden Kopfschütteln, das signalisiert,
wie viel besser früher alles war).

Dies vorausgeschickt, möchte ich dennoch dafür plädie-
ren, unsere Generation besonders milde zu behandeln,
wenn wir gerade mal wieder erzählen, wie viel besser
früher und wie einzigartig doch damals alles war. Seien
Sie nachsichtig mit uns, weil es keine Generation gibt
(na bitte, da haben wir es wieder mit der gefühlten Ein-
zigartigkeit), die von Veränderungen so getroffen wurde
wie unsere. Nehmen wir beispielsweise unsere Vorgänger aus den frühen Siebzigern. Fernseher waren auf
einmal bunt und Musik konnte man auch in Stereo
hören. Aber sonst? Es war immer noch Fernsehen. Autos
hatten wie immer ihre 4-Gang-Schaltung und wechsel-
ten vielleicht mal die Farbe, das war's aber auch schon.

Aber bei uns? Für den Fall, dass Sie zu den jüngeren
Lesern dieses Textes gehören: Sie haben ja gar keine
Ahnung, wie das bei uns war! Wir hatten ja nix! Ich
habe meine ersten Journalistentexte noch ein paar Jahre
auf einem Gerät namens Schreibmaschine getippt. Ich
wusste, wie man einen Bandsalat fachmännisch ent-
knotet. Ich habe keine CDs gebrannt, sondern der
Angebeteten auf dem Schulhof ein Mixtape überreicht.
Mein Telefon hatte eine Wählscheibe und es gab Tarife
für Ferngespräche und böse Blicke der Eltern, wenn
man mal ein solches zu führen hatte. Im Fernsehen gab
es erst „Nachtgedanken" (gegen 23 Uhr) und dann

Sendeschluss und Testbild. Wenn ich Musik hören wollte, habe ich ein Band in einen Kassettenrekorder gelegt oder eine große runde Scheibe mit einem Loch in der Mitte auf einen Teller gelegt und dort einen „Tonarm" draufgesetzt. Das ist übrigens das Gerät, über das sich komische DJs inzwischen immer hermachen und an den Scheiben rumdrehen, bis lustige Geräusche rauskommen. Hätte das bei mir und meinem Plattenspieler früher jemand gemacht, hätte ich ihn massakriert.

Kurz gesagt: Wir haben so viele Veränderungen erlebt in den 40 Jahren unseres bisherigen Lebens, dass uns quasi gar nichts anderes übrig bleibt, als unsere Epoche und uns selbst für einigermaßen einzigartig zu halten. Von der schwarzweißen in die farbige Welt, von der analogen Langsamkeit ins digitale Höllentempo, von der Kohl-Gemächlichkeit zur Regentschaft einer ostdeutschen Frau, eines schwulen Außenministers und eines rollstuhlfahrenden Finanzministers. Von der 400-jährigen Regentschaft italienischer Päpste erst hin zu einem deutschen Papst und dann zu einem Argentinier, der mit seinen 76 Jahren plötzlich so anders ist als alle seine Amtsvorgänger. Gut, Engländer können immer noch keine Elfmeter schießen, aber das ist dann auch schon alles, worauf wir uns verlassen können.

Ist es dann noch ein Wunder, dass wir uns verzweifelt an die paar Gewissheiten klammern, die uns geblieben sind?

31

Was auf der Strecke bleibt

In der Schule hatten wir mindestens drei Leute, die gute Musiker abgegeben hätten. Wir hatten einen, der Kurzgeschichten schrieb, einen begnadeten Zeichner, ein paar technisch sehr versierte Jungs, ein bis zwei überaus talentierte Fußballer, ein Mädchen mit einer wundervollen Stimme – und wenn ich es mir recht überlege, dann war fast die ganze Klasse gesegnet mit irgendwelchen Talenten und ungewöhnlichen Hobbys. Kurzzeitig nahm ich an, dass wir eine überaus ungewöhnliche und begabte Klasse seien. Aber spätestens mit 40 (siehe dazu auch das Kapitel: Früher war alles besser) weiß man, dass das jede Klasse von sich denkt. Was nicht bedeuten soll, dass nicht in sehr vielen Schulklassen sehr viele junge Menschen mit ungewöhnlichen Begabungen stecken. Aber spätestens mit 40 wissen wir auch: Nur die wenigsten machen auch was daraus (wenn Sie möchten, können Sie jetzt an dieser Stelle ein Lamento Ihrer Wahl über unsere Gesellschaft einfügen, die kreative Talente irgendwann mal gnadenlos unterdrückt und massakriert). Tatsächlich weiß ich nicht, woran es liegt, aber die Bilanz irgendwann in den 40ern fällt eher ernüchternd aus.

Die begabten Musiker sind heute Prokuristen in einer Baufirma oder arbeiten als Abteilungsleiter bei einer Versicherung. Beides übrigens Berufe, von denen wir früher immer annahmen, dass es sie in Wirklichkeit ebenso wenig gibt wie Bäuche und Falten. Das Mädchen mit der wunderbaren Stimme singt mittlerweile nicht mal mehr im Kirchenchor, was nach gerade hinter sich gebrachter Scheidung vermutlich auch ein wenig zu viel verlangt wäre. Immerhin, die Wundersportlerin aus der Parallelklasse leitet heute ab und an wenigstens noch das Kinderturnen in ihrer Heimatstadt. Ansonsten steht sie bei der örtlichen Sparkasse am Schalter. Vermutlich muss man da Kinderturnen machen, um nicht vollständig der Depression anheim zu fallen.

Sogar die, die nach den Maßstäben einer Leistungsgesellschaft so etwas wie Karriere gemacht haben, haben irgendwas zurückgelassen. So viel, dass man staunen würde, wenn man die Perspektive umdreht.

Wenn man heute den agilen, smarten und überaus erfolgreichen Manager kennenlernt, wie er so dasteht, Sportwagen, 5.000-Euro-Uhr, frisch von seinem Coach mit allen Regeln des Überlebens in der Welt der Erfolgreichen vertraut gemacht und ansonsten ein Mensch gewordenes Zahlenwerk – man kann sich kaum vorstellen, dass derselbe Mensch noch vor 20 Jahren Gedichte geschrieben und für seine Angebetete Mixtapes aufgenommen hat. Vermutlich möchte er heute auch nicht mehr darauf angesprochen werden und sollte er heute noch ein Gedicht schreiben, würden ihm keine eineinhalb Zeilen mehr einfallen. Keine Zeit, würde er wahrscheinlich sagen, spräche man ihn darauf an. Tatsächlich aber ist es nicht die fehlende Zeit alleine: Man geht sich selbst verloren, irgendwo auf der Strecke zwischen 20 und 40. Zwischen Studium und Aufstieg in Chefetagen. Zwischen dem rostigen Golf und dem ersten Porsche. Nur um am Ende dazustehen und noch mal mit sich selbst von vorn anfangen zu können.

Auf der Strecke geblieben sind: Träume, die sich früher oder später als Illusionen erwiesen haben. Die Idee, alles besser zu machen als die Generationen vor uns. Der unbändige Glaube an sich selbst. Liebe und Freundschaften, weil nur die wenigstens davon tatsächlich dafür bestimmt sind, ein Leben lang zu halten.

Ich weiß, das nennt man: Realität. Willkommen in der Mitte des Lebens.

32

Und nun?

Da sitzen wir jetzt also. Eigentlich sollten wir gut situiert sein oder zumindest mitten im Leben stehen. Wenn wir es nicht gerade verbockt haben (und das sind einige in unserem Alter, die sich das zumindest temporär eingestehen müssen), dann ist das mit diesem gut situiert sein und dem mitten im Leben stehen auch so eine Sache. Man arbeitet nämlich ein halbes Leben darauf hin und denkt sich irgendwann zwischen 20 und 30: Da will ich mal hin. Wenn ich das mal geschafft habe, dann ist alles gut. Frau, Kinder, Haus. Oder was auch immer man als lebens- und erstrebenswert betrachtet. Das ist so ein bisschen wie beim gewesenen Bundeskanzler Schröder. Der stand auch einstmals als junger Mann am Zaun des Kanzleramts, rüttelte daran und rief: Ich will da rein! Als er drin war, stellte er fest, dass es dort nicht immer heimelig zugeht. Das eine oder andere machte er dann auch nicht so ganz richtig und als ihn die Höllenmaschine wieder ausspuckte, da war er so durcheinander, dass er Putin für einen „lupenreinen Demokraten" hielt und Botschafter für Gas wurde. Inzwischen geht es ihm aber angeblich wieder ganz gut.

Schröder macht sich gerade auf den Weg, ein „elder statesman" zu werden.

Aber man muss ja nicht gleich Altkanzler sein, um festzustellen: Man will da zwar rein, irgendwo da, wo man denkt, dass es erstrebenswert sei. Man unterschätzt aber bei alledem, was man sich mit 30 vorgenommen hat, zwei ganz besonders heimtückische Faktoren ganz entscheidend: den der eigenen Gewöhnlichkeit und den der Langeweile.

Gewöhnlich? Wir und gewöhnlich? Wenn sich Ihnen dieser Gedanke jetzt gerade aufdrängt, dann denken Sie sich nichts: dass man gewöhnlich sein und nicht dazu bestimmt sein könnte, die Welt aus den Angeln zu heben, ist kein Gedanke, den man in jüngeren Jahren hat. Den man besser auch gar nicht haben sollte. Schon alleine deswegen, weil es nicht gerade motivationsfördernd ist, wenn man sich schon früh vor Augen führt, dass man irgendwann in einem austauschbaren Leben in einer Doppelhaushälfte oder in der mittelgroßen und hoffnungslos überteuerten Stadtwohnung landet. Es geht also gar nicht anders, als sich zu sagen: So will ich nicht werden – und so werde ich ganz bestimmt auch nicht. So wie meine Eltern und Großeltern, so wie die ganzen Bankangestellten in Kurzarmhemden oder Grundschullehrer, die 30 Jahre versucht haben, kleinen Kindern das Einmaleins oder das Alphabet beizubringen. Und hey, waren wir nicht schon in unserer Jugend aufmüpfig?

Heute, 30 Jahre später, müssen wir feststellen: Das sagen sie alle. Keiner behauptet von sich: Ich will so werden wie Mama und Papa. Das ändert nicht viel daran, dass man sich später oft genug eingestehen muss, dass wir so viel anders dann doch nicht geworden sind. In dem Moment, in dem ich das hier schreibe, sitze ich exakt in der Stadt, in der meine Großeltern schon gelebt haben. Ich bin zwar einigermaßen rumgekommen in der Welt, aber letztendlich dann doch wieder hier. Dass ich hier mal wieder landen würde, freiwillig zudem, scheint mir eine der absurdesten Wendungen im Leben überhaupt zu sein. Am Samstag habe ich Freunde besucht, in einer Neubausiedlung in der Stadt. Verheiratet, ein hübsches Haus, ein Kind, alles wunderbar. Das ist auch völlig o. k. so, aber die Welt hebt man so nicht aus den Angeln. Die Frage ist zudem ja auch: Will man das überhaupt noch? Und hat man nicht schon lange eingesehen, dass man dazu nicht nur nicht willens, sondern auch gar nicht in der Lage ist? Ich bin übrigens nicht der einzige, der dann doch wieder da gelandet ist, wo er herkam. Je älter wir werden, desto größer wird unser Wunsch nach einer gewissen Erdung. Reicht ja, wenn man 30 Jahre lang alles Mögliche ausprobiert hat.

Damit könnte man es dann auch bewenden lassen. Wenn nicht der zweite und potenziell sehr viel gefährlichere Faktor hinzukäme. Selbst wenn man einsieht, kein zweiter Gandhi zu sein und nicht mal ein zweiter Helmut Kohl, dann bedeutet das ja noch lange nicht, dass man sich mit seinem Dasein unbedingt anfreunden muss. Die grandiose Annette Humpe textete mal

225

für ihre Band „Ideal" (Sie erinnern sich?): „Langeweile killt nur langsam." Da ist wohl einiges dran, wenn man sich ansieht, wie langsam der Langeweile-Verfall der 40er-Generation vor sich geht. Da ist es dann auch kein Wunder, wenn man sich erst 15 Jahre lang in Richtung Sackgasse bewegt. Nur um dann festzustellen, dass eine Sackgasse eben eine Sackgasse ist. Vermutlich muss man sich das auch in dieser Metapher vorstellen, um eine Ahnung davon zu bekommen, was mit nicht so ganz wenigen in diesem Alter passiert: Man geht eine lange, lange Straße entlang, immer schön geradeaus und alles schaut so aus, als sei diese lange Straße der einzig richtige und mögliche Weg. Und dann, ganz plötzlich, steht da ein Schild: Sackgasse. Wäre es da ein Wunder, wenn man in einer solchen Situation schlagartig beschließt, schleunigst umzudrehen, ganz egal, was danach kommt, Hauptsache umdrehen und den vermeintlich falsch eingeschlagenen Weg wieder korrigieren?

Schlussendlich sind wir in diesen Jahren also einfach in einem Sackgassen-Alter. Dummerweise auch in einem, in dem es vermutlich nur die zweitbeste Lösung ist, einfach mal sitzen zu bleiben und zu warten, wie sich die Dinge vielleicht mal entwickeln. Wir sind ja schließlich nicht mehr in einem Alter, in dem wir ewig Zeit haben. Auch diese Erkenntnis dringt auf einmal in die Gehirnwindungen ein. Mit 30, ja da ... da denkt man kaum daran, dass Zeit endlich ist. Mit 40 entwickelt sich dieses Bewusstsein dann schon eher. Man muss ja nicht gleich so weit gehen, dass man sein ganzes bisheriges Leben hinter sich lässt.

Manchmal genügt ja auch schon die Einsicht, dass 15 Kilo Übergewicht weder allzu gesund noch sonderlich attraktiv sind. Gepaart mit der unfassbar weisen Erkenntnis, dass einem auch in Sachen Sport und dem damit verbundenen Abtrainieren von Kilos nicht ewig Zeit bleibt, fängt man dann eben an, Marathon zu laufen (wir hatten das Kapitel ja schon, falls Sie brav alles bis hierher gelesen haben). Und damit bekommt auch die Marathonstrecke eine zwingend logische Dimension: Wenn man nicht mehr so rasend viel Zeit hat, dann muss die Keule her. Mit einem gemütlichen 5-Kilometer-Dauerlauf jedenfalls werden wir diese 15 Kilo nicht wegbekommen. Zumindest nicht mehr in einem Alter, in dem es wenigstens noch eine geringe Rolle spielt, wie man aussieht und wie man sich fühlt. Mit 80 ist es dann wurscht. Denke ich mir zumindest heute. Obwohl, auf der anderen Seite habe ich mir so viel Grundfalsches darüber gedacht, wie das Leben als 40-Jähriger ist, da könnte es dann schon möglich sein, dass ich mit 80 auf einmal ungeahnte Eitelkeiten an mir entdecke. Wenn man als (End)Vierziger wenigstens irgendwas gelernt hat in seinem langen Leben, dann das: Sag niemals nie.

Wie es mit 80 ist, muss man sich ja jetzt wirklich noch nicht ausmalen. Zumal es bei diesem Alter eine sehr ernsthafte Option ist zu sagen: keine Ahnung, ob ich das überhaupt noch erlebe. Aber natürlich denkt man an die nächste Dekade. Je näher die 50 rücken, desto mehr. Man findet es dann potenziell beunruhigend, wenn man von anderen Menschen hört, dass sie der nahende

50. Geburtstag vor eine ganze Reihe emotionaler Probleme stellt und sehr viel mehr beschäftigt als der 40. Was denn, noch mehr? Das denkt man sich dann und steht vor zwei Optionen: entweder man fürchtet den 50. oder man denkt sich, dass es nach den turbulenten Vierzigern ohnehin nur noch aufwärts gehen kann.

Was wird anders, möglicherweise sogar wieder besser, wenn wir 50 werden? Nicht nur auf den ersten, sondern auch auf den zweiten und dritten Blick gibt es begründeten Anlass zur Hoffnung, nicht nur wegen der in diesem Buch schon erwähnten „U-Theorie", wonach wir den Tiefpunkt unseres Lebens seit ein paar Jährchen schon hinter uns haben. Mit 50 sind wir vermutlich immer noch fit genug, das eine oder andere auf die Beine zu stellen. Aber der ganz große Druck ist weg, es ist uns also hoffentlich mehr oder weniger wurscht ist, was andere von uns denken. Unsere Meilensteine, wenn überhaupt, haben wir mit 50 schon gesetzt.

Trösten können wir uns mit dem Beispiel großer Musiker. Bob Dylan beispielsweise. Oder Paul McCartney. Irgendwann in den 40ern fingen sie an, eher traurige Musik zu machen. Dylan sabberte irgendwas von christlichen Erweckungserlebnissen und klang ungefähr so aufregend wie der Männergesangsverein Mamming. Und McCartney? Sang „Ebony and Ivory". Und das als jemand, der früher Kopf der größten Band aller Zeiten war. Wenn das mal nicht traurig ist. Dylan und McCartney, das waren die prominenten Inbegriffe von ermatteten 40-jährigen Männern, denen nichts

Gescheites mehr einfiel und die man deswegen am liebsten in den vorzeitigen Ruhestand geschickt hätte, so schwer das auch bei Idolen fallen mag.

McCartney war knapp 50, als er „Off the ground" veröffentlichte. Das erste Album, bei dem man wieder eine Ahnung davon bekommen konnte, warum dieser Mensch so ein ganz Großer war. Das klang nach McCartney, das klang entspannt, das klang nach jemanden, der nach vielen Irrungen und Wirrungen wieder zu sich selbst gefunden hatte. Man muss sich nur mal „Say, say, say" und „Off the ground" anhören, dann weiß man, was der Unterschied ist zwischen einem „Lost in Forties"Musiker und jemandem, der ganz entspannt das tut, worauf er gerade Lust hat. Nebenbei bemerkt hat der inzwischen über 70-jährige McCartney inzwischen ein Album namens „New" herausgebracht, das so entspannt und gut ist, dass man es selbst kaum mehr erwarten kann, 70 zu werden.

Man könnte die Reihe beliebig fortsetzen, Johnny Cash, das war auch so einer, der mit zunehmendem Alter noch mal ganz groß wurde. Aber es geht nicht darum, sich verzweifelt an irgendwelchen Stars zu orientieren, man beobachtet das auch im Kleinen. Kaum sind die Leute 50, dann ist es, als würden sie aus einem großen und verwirrenden Labyrinth herausgefunden haben. Könnte es also sein, dass wir mit 50 plötzlich die Dinge nicht mehr ganz so streng sehen, uns selber nicht mehr ganz so wichtig nehmen und anfangen, unseren Frieden mit der Welt und vor allem mit uns selber zu schließen?

Dafür spricht einiges. Bei Kindern würde man sagen: Aus dem Gröbsten sind wir dann raus. Oder um noch mal das Bild von der „zweiten Pubertät" zu bemühen, das in diesem Buch schon mal vorgekommen ist: Auch die übelste Pubertät endet irgendwann mal. Die Pickel sind weg, man benimmt sich wieder wie ein einigermaßen verträglicher Mensch und man beginnt dann endlich zu leben. Nach einer Phase, die man mit viel gutem Willen als eine des Herumprobierens bezeichnen kann.

So könnte es auch mit dem Ende dieser zweiten Pubertät sein, wir hoffen es zumindest inständig. Die Rahmenbedingungen jedenfalls könnten schon mal darauf hindeuten. Die Kinder sind zumindest so groß, dass sie uns nicht mehr tagtäglich brauchen und dass man sie mit halbwegs gutem Gewissen ihrem eigenen Leben überlassen kann. Man freut sich ja trotzdem, wenn sie ab und an auf einen Kaffee vorbeischauen, mal anrufen oder eine Mail schicken. Die Häuser sind abbezahlt – und wenn es kein Haus gab, dann sind wenigstens die gröbsten finanziellen Verwerfungen vorbei. Job und Karriere – ebenfalls ein Haken dran, sofern man überhaupt bisher Wert darauf gelegt hatte. Man könnte sich also, um das mal zusammenzufassen, allmählich von den üblichen Ängsten und Sorgen, die so ein Leben nun mal mehr oder weniger begleiten, allmählich verabschieden, um langsam in einen Zustand buddhistischer Gelassenheit zu entgleiten. Was soll uns schon noch großes passieren, außer den Dingen, die ab einem gewissen Alter unvermeidbar sind?

Das ist auch gleichzeitig der Haken an der ganzen Sache. Allzu viel Gelassenheit, zu große Entspanntheit – wären wir so nicht auch wieder potenziell gefährdet, Gelassenheit mit Langeweile zu verwechseln? Fangen wir dann nicht allmählich an zu rosten, bis wir dann endgültig irgendwann zu nix mehr zu gebrauchen sind? Wie also, die Frage stellt sich zwangsläufig, bekommen wir dann ab 50 einen goldenen Mittelweg hin, der uns befreit von hyperaktiver Marathonlauferei und dem Gedanken, wir müssten jetzt aber noch mal was ganz Großartiges leisten, ohne gleichzeitig das Leben vorzeitig zu beenden und im Schaukelstuhl auf das Ende unserer Tage zu warten?

In der großartigen Zeitschrift *Brand eins* stand neulich die interessante Hypothese, ein Altern in Würde sei schlechterdings unmöglich. Was wiederum bedeuten würde, dass man nur unwürdig altern könne und dass man es deswegen auch noch mal ordentlich krachen lassen könne. Was nicht ganz von der Hand zu weisen ist: Wir können uns noch so viel Botox spritzen, die Haare färben, hippe Klamotten kaufen und Ausdauersport betreiben – den Kampf gegen das Alter verlieren wir zwangsläufig. Offen gestanden wissen wir ja nicht mal, ob sich das, was man uns über viele Jahre hinweg als „Altersvorsorge" eingebimst hat, überhaupt lohnt. Gut möglich, dass wir gar nicht für die Vorsorge fürs Alter, sondern für das Erbe unserer Kinder gespart haben. Was ja durchaus ganz ehrenwert ist. Nur hat sich speziell unsere so überaus sicherheitsorientierte Generation dabei immer von dem Gedanken leiten lassen, dass man es sich später, wenn wir dann mal in Ruhestand sind und tatsächlich alles erledigt haben, von dem man eben glaubt, es müsse erledigt werden – dass man es sich dann, aber eben erst dann so richtig gut gehen lassen kann. Unsere Eltern würden uns das wahrscheinlich heute noch als völlig richtigen Gedanken bestätigen. Die Frage ist nur: Warum eigentlich?

Mit 50 und den kommenden paar Jährchen haben wir wahrscheinlich noch mal die Möglichkeit, ohne Rollstuhl, Rheuma und Gicht Kreuzfahrten zu unternehmen. Müssen ja nicht immer gleich Kreuzfahrten sein, reicht auch eine Spontanparty. Wann haben wir so was überhaupt zum letzten Mal gemacht, eine spontane Party? Oder irgend etwas anderes, was wir nüchtern betrachtet erst einmal als völlig bescheuerte und verrückte Idee abtun würden? Vernünftig, wenn es so etwas überhaupt gibt, waren wir lange genug, die meisten von uns sogar ein ganzes Leben lang. Irgendwas war ja in den zurückliegenden 40 Jahren immer: Job, Haus, Familie, Kinder. Da könnte man sich doch eigentlich mal selbst auf die Schulter klopfen, mit einem gedachten „Gut gemacht!" – und sich selbst für das belohnen, was man in den Jahrzehnten zuvor irgendwie so halbwegs auf die Reihe gebracht hat. Vergessen wir doch einfach, was schiefgelaufen ist, das können wir eh nicht mehr ändern.

Stattdessen – machen wir es in den nächsten zehn Jahren einfach besser. Uns selbst zuliebe.

33

The Beatles

Eine Vorwarnung: Dieses letzte Kapitel ist ein sehr persönliches. Möglicherweise werden Sie sich nicht darin wiederfinden.

Obwohl: vielleicht doch.

Es geht um die Dinge, die dann doch bleiben. Die einem durch das ganze Leben bleiben. Das ist insofern wichtig, weil man in unserem Alter ja dann doch das eine oder andere aufgegeben, verloren, kaputtgemacht hat. Und weil man sich manchmal fragen kann, was eigentlich übrig bleibt, wenn man erst die Hälfte und dann irgendwann mal sogar sein ganzes Leben hinter sich gebracht hat.

Was ist eigentlich aus meiner Jugendliebe geworden, die den schon damals entsetzlich piefigen Namen Annette trug? Was aus den ganzen Jungs aus meinem Abijahrgang, die ich alle fünf Jahre mal bei einem Klassentreffen sehe, dort aber nicht sehr viel mehr Erkenntnis mitnehme als die, dass sie irgendwie noch am Leben sind? Warum zur Hölle sind meine beiden Töchter nicht mehr die putzigen kleinen Babys, die ich gewickelt und gefüttert habe und denen ich das Laufen und das Fahrradfahren beigebracht habe? Heute sind sie pubertierende Teenies, natürlich immer noch meine Töchter. Aber diese ganzen wunderbaren kleinen Momente, von der Geburt über den ersten Zahn bis zur Einschulung, das existiert nur noch in der Erinnerung und die wird altersbedingt immer schwächer. Stattdessen sagt man mir inzwischen nach, ich würde das zu sehr durch die rosa Brille sehen. Manchmal denke ich mir: stimmt. Aber die Erinnerung an den ersten Zahn ist zu schön, als ihn durch die Realität kaputtzumachen. Die Realität würde wahrscheinlich lauten, dass das Kind einfach nur gequäkt und ich mich so gefühlt habe, als würde ich selber einen Zahn bekommen.

Das ist mit einer Menge Dinge so. Man weiß, dass es sie gegeben hat, aber irgendwann sind sie entweder ganz weg oder nur noch in einer blassen Erinnerung vorhanden.

Da ist es vermutlich nicht weiter erstaunlich, dass man in unserem Alter den dringenden Wunsch verspürt, Dinge festhalten zu können. Oder sie sich zurückzuholen (anders lässt sich die Tatsache nicht erklären, dass die Stones immer noch mühelos jedes Stadion ausverkaufen). Ich ertappe mich beispielsweise immer wieder dabei, mir uralte Folgen von „Der Kommissar" anzuschauen. Das ist eine uralte ZDF-Krimiserie, in der noch mit einem VW Käfer Gangster gejagt werden, der Chef seine Mitarbeiter duzt, während sie ihn siezen müssen – und in der vermeintlich die Welt noch weitgehend in Ordnung ist. Außerdem rauchen sie alle wie bescheuert in dieser Serie, schon das alleine sorgt für ein heimeliges 70er Jahre-Gefühl.

Vor kurzem habe ich übrigens bei YouTube nach alten Folgen von „Aktenzeichen XY" gesucht, die mit dem bereits erwähnten, grandiosen Eduard Zimmermann, der mit Hornbrille vor einer braunen Studiodeko mit todernster Miene Kriminalfälle ankündigte. Und zwar in einem Ton, dass man als kleiner Stöpsel danach nächtelang nicht schlafen konnte (Ich frage mich übrigens seit ich selbst Vater bin, wie meine Eltern eigentlich auf die groteske Idee gekommen sind, mich so was anschauen zu lassen).

Irgendwann zwischen dem Kommissar Erik Ode und dem Gangsterschreck Zimmermann habe ich mich dann gefragt, was zum Teufel ich da eigentlich tue. Einen Nachmittag am MacBook sitzen und sich uralte Schinken anschauen, wie blöd ist das denn eigentlich? Den Kommissar konnte ich mir irgendwie noch schönreden, der war ja wirklich ganz gut gemacht – und wer schaut sich nicht irgendwann mal alte Filme an?

Aber XY? RealityTV aus den 70ern?

Irgendwann hat es dann bei mir etwas gedämmert: Es war natürlich nicht die Spannung oder das tolle TV oder die schauspielerischen Leistungen, die ich sehen wollte. Es war der Versuch, eine Zeit und ein Gefühl zurückzuholen, das mich als Kind geprägt hatte. Beide Sendungen kamen am Freitag um 20.15 Uhr im ZDF, wurden von Ansagerinnen mit dem gebotenen Ernst angekündigt, bei XY ertönte zuvor noch die Eurovisionshymne. Und beide Sendungen kamen nur alle vier, XY manchmal sogar nur alle sechs Wochen. Man wusste also, dass es sich um was Besonderes handeln musste: Freitagabend, die Hymne, tata! Nicht mal, dass mein Vater notorisch motzend (der Ode sei ein Schlaumeier, sagte er, und Zimmermann war aus anderen Gründen irgendwie doof) im Wohnzimmer saß, hätte mich in meiner Seligkeit stören können.

Diese Seligkeit ging irgendwann verloren. Schon alleine deswegen, weil Fernsehen irgendwann nichts Besonderes mehr war und heutzutage schon gleich gar nicht mehr. So sehr ich es auf der einen Seite zu schätzen weiß, dass man mittlerweile mit zwei Mausklicks alles, was man nur möchte, auf Bildschirme aller Art zaubern kann, so sehr vermisse ich dieses Kribbeln, diese Vorfreude, dieses Gefühl, dass heute ein ganz besonderer Abend ist. Wer alles hat, hat irgendwann nichts mehr, auf das man sich freuen kann, so einfach ist das. Weswegen man sich dieses Gefühl wieder zurückholen möchte, wie es ist, wenn man nicht wie selbstverständlich alles hat und darüber verfügen kann. Was im Übrigen auch nicht weiter schlimm ist, also das mit dem Alte-Schinken-Schauen: Andere machen sich auf einmal mit spartanischem Gepäck auf irgendwelche abenteuerliche Reisen, nur damit sie mal wieder sehen, wie es ist, wenn man nicht im eigenen Doppelbett schlummert und im Schlafzimmer eine Fußbodenheizung hat.

So absurd das klingt, aber es ist so: Erst tun wir ungefähr alles dafür, dass es uns besser geht, weil wir so
wie unsere Eltern eigentlich eher nicht werden wollten. Wenn wir dann alles haben, was wir wollten, hätten wir gerne das zurück, was wir von früher kennen.
Schön bescheuert, das. Nennen wir es also besser Nostalgie, das hört sich besser an als „bescheuert". Nostalgie ist vermutlich nur zu menschlich, wenn auch
nicht wirklich erklärbar. Was genau soll an Eduard
Zimmermann in der braunen Studiodeko so großartig
gewesen sein, als dass man sich das heute, 30 Jahre
später, noch mal anschauen sollte? Am Ende führt das
ja dann doch nur zu der in diesem Buch hinreichend
beschriebenen Früher-war-alles-besser-Seligkeit, selbst
dann, wenn ganz und gar nichts wirklich besser war.

Das ist allerdings ein zwar nüchterner, dennoch aber
irgendwie unschöner Gedanke. Weil das ja unter dem
Strich bedeuten würde, dass man früher das eine oder
andere gemacht hat, was einigermaßen sinnlos war.
Oder womöglich sogar: grundverkehrt. Dann lieber in
dem Glauben leben, dass die stets kaputte Heizung eines
VW Käfers Ausweis eines besonderen Charmes dieses
Autos war und dass die Musik früher einfach handgemacht und ehrlich rüberkam, selbst wenn man bei
genauerem Hinhören nüchtern festhalten muss, dass das
Zeug einfach gruselig war. Aber wer will schon seinen
Kindern gegenüber treten und von einer traurigen
Jugend berichten? Noch dazu, wo wir alle ausreichend
genervt waren von den Erzählungen der Angehörigen
der Kriegsgeneration (ja, die kannten wir noch und

das zeigt uns letztlich auch nur, wie alt wir geworden sind). Die Kriegsgeneration, deren gesamte Erzählungen sich auf einen Punkt bringen ließen: Wir hatten ja nichts! Das war zwar tendenziell nicht von der Hand zu weisen, trotzdem irgendwann nervig, wenn man es sich denn dauernd anhören und dabei möglichst mitfühlend schauen sollte. Das muss man ja auch erst mal wollen, seinen Kindern so was anzutun. Also schlagen wir ins andere Extrem um und finden jetzt alles ganz erheblich besser als die Dinge heute. Das kann man ganz schön kultivieren, aber ich vermute, dass unsere Kinder davon genauso genervt sind wie wir vom „Wir hatten ja nix!" unserer Großeltern.

Trotzdem ist es nicht nur legitim, es ist wahrscheinlich sogar überlebensnotwendig, sich irgendwas zu suchen, was bleibt. An das man sich klammern kann. Das man behält, mit gutem Gewissen toll finden und auch mal den Kindern präsentieren kann, ohne dass es peinlich oder nostalgischverklärend wird.

In meinem Fall sind das: *The Beatles*.

Ja, zugegeben: Das ist nicht sehr orginell und vermutlich ist es sogar die einfachste aller Lösungen. Die Beatles sind inzwischen in jedem Musikunterricht ab der 7. Klasse fester Bestandteil und schon lange ein Stück Musikgeschichte. Nachdem die Herren McCartney und Starkey noch leben aber immerhin eines, dass man den Kids noch am lebenden Beispiel vorführen kann. Bei

Bach oder Mozart würden sie alte Zeichnungen von
Menschen mit komischen Perücken sehen und sofort
abschalten. Die Beatles sind dagegen nahezu das ide-
ale Objekt: Noch nah genug an der eigenen Zeit und
quasi noch am Leben, aber schon so heilig und unan-
tastbar, dass niemand widersprechen kann, wenn es
darum geht, sie gebührend zu vergöttern. Nicht mal die
eigenen Kinder können das und wenn man sie ab und
an verstohlen mitwippend ertappt, dann hat man eine
Ahnung, dass das eine Brücke sein könnte zwischen den
Generationen. Gut, vielleicht nicht gleich eine Brücke.
Aber wenigstens ein Steg. Schließlich wünscht man sich
ja dann doch, dass im eigenen Leben nicht alles schlecht
gewesen sein muss und die eigenen Kinder den Papa
und die Mama ganz cool finden. Geht aber nicht, wenn
man in der Fremdwahrnehmung dasteht wie ein Hobbit
aus einer merkwürdigen Zeit. Und wer wollte bestreiten, dass es eine sehr merkwürdige Zeit gewesen sein
muss, in der man noch keine Handys hatte, von diesem
Internet erst gar nicht zu reden.

Ich empfehle allen mitlesenden Leidensgenossen also
die Beatles. Damit kann man punkten, sich aber gleichzeitig wieder in den guten, alten Zeiten suhlen, ohne
den Nostalgie-Button aufgedrückt zu bekommen. Die
ersten Kontakte mit den Beatles hatte ich gerade noch
rechtzeitig, bevor sie sich auflösten. Damals war ich
drei oder vier und ich wusste nicht so wirklich, was die
Beatles sind, noch dass sie sich demnächst auch schon
wieder auflösen würden. Aber meine Tante (das klingt

bescheuert, sie ist nur zehn Jahre älter als ich) war eine dieser fanatischen Fans, so fanatisch, wie man es nur mit 15 sein kann. Ihr zehn Jahre jüngerer Neffe (nämlich ich) wurde dadurch zum perfekten Opfer: einen Fünfjährigen kann man mühelos mit ins eigene Zimmer schleifen und ihm dort Beatles-Platten bis zum Umfallen vorspielen. Das wiederum fand ich ziemlich cool, ich mochte die Musik instinktiv, ich erinnere mich sogar an die für damalige Verhältnisse unfassbar satten Bässe von „Paperback Writer", die auf dem alten Dielenparkett im Haus meiner Großeltern so sehr vor sich hin wummerten, dass nicht nur mein Großvater, von Berufs wegen Kirchenmusiker, zusammenzucken musste. Ich hatte keinerlei Ahnung, wusste aber intuitiv, dass John, Paul, George und Ringo nicht einfach eine Band und nicht einmal einfach nur die Beatles waren. Sondern mindestens Götter, die es zu verehren galt. Daran hat sich für mich bis heute nicht viel geändert.

Wenn ich es mir recht überlege, dann sind die Beatles sogar das einzige, was ich aus meinem Leben als Kleinkind bis heute mitgenommen habe. Ansonsten besteht die Lebensbilanz eines 40-Jährigen ja in erster Linie aus Trennungen und Verabschiedungen. Nein, nicht nur wegen der in unserem Alter und für unsere Generation notorischen Scheidungen oder anderer gescheiterter Beziehungen. Man muss viel über Bord werfen in gut 40 Jahren eines Lebens. Sogar Überzeugungen und Meinungen, von denen man noch vor zehn Jahren gesagt hätte, sie seien unumstößlich.

Vermutlich sind die 40er im Leben eines Menschen die, in denen er über ziemlich vieles noch mal genau nachdenken sollte. Und einiges noch mal neu justieren sollte, sowohl im Großen als auch im ganz Kleinen. Dabei muss es sich um eine Art Naturgesetz handeln, anders kann man sich das nur schwerlich erklären. Weil sonst das Risiko der Totalverknöcherung besteht. Wer mit 40 immer noch so denkt und fühlt wie mit 25 und gedenkt, daran auch in den nächsten Jahren nicht sehr viel zu ändern, wird vermutlich spätestens dann zu diesem gefürchteten Typus Mensch gehören, der alles besser weiß, schon früher alles besser wusste, der die Zeiten früher generell viel besser fand und die Welt kurz vor der Verdummung stehen sieht. Das Schöne oder auch Schlimme, je nach Sichtweise: Noch mal ein paar Jahre später ist man dann garantiert so wie die ewig meckernden Tattergreise aus der Muppetshow. Und das ist nur im Fernsehen lustig, sonst nirgends.

Die eigentlich spannende Frage neben der, was aus diesen zurückliegenden Jahren bleiben könnte, ist eine andere: Was wird besser mit 50? Wenn Sie jetzt „nichts" antworten, ist das vermutlich der falsche Ansatz.

Gut, mit 40 dachten wir auch „nichts" und haben damit dummerweise auch noch weitgehend recht behalten. Aber was bleibt uns anderes übrig, als zu hoffen, dass manches – oder vielleicht sogar vieles – besser wird? Schließlich ist das kommende Jahrzehnt bereits unser letztes, bevor wir dann die 60 erreichen – und damit dann endgültig so etwas wie „Alter".

Es wird das Jahrzehnt sein, in dem wir normalerweise irgendwas mit Ruhestand machen. Es wird das Jahrzehnt sein, in dem wir zu Großvätern und Großmüttern werden. Selbst wenn wir mangels eigener Kinder keine Omas und Opas mehr werden, in der Wahrnehmung der Jüngeren kommen wir endgültig im gefühlten Opatum an. Es wird das Alter sein, in dem man uns erstmals einen Sitzplatz in der U-Bahn anbietet, in dem wir einen Seniorenteller bestellen und Seniorenermäßigungen bekommen. Und ja, auch das: Die Zipperlein, über die wir heute klagen, werden sich ausgewachsen haben. In nostalgischen Anflügen werden wir der Zeit nachtrauern, als es mit 40 gerade mal irgendwo ein bisschen gezwickt hat.

Wenn Sie dieses Buch in 20 Jahren noch mal in die Hand nehmen, werden Sie vermutlich denken: Meine Güte, was hatten wir für Problemchen damals. Sex, was war das noch mal genau? Und, Gottchen, was war das schön, als uns beim Aufstehen mal ein paar Sachen wehgetan haben. Heute können wir gar nicht mehr aufstehen. Oder nur noch unter allergrößten Mühen.

Vermutlich werden wir auch bemerken, dass wir bei vielem, was uns heute schon manchmal Mühe bereitet, endgültig nicht mehr mitkönnen. Vielleicht spielen wir noch ein bisschen Altherren-Tennis oder Golf oder fahren ein bisschen mit dem Radl durch die Gegend. Aber Fußball? Ich bitte Sie! Ein Freund hat sich mit 50 schon einen Kreuzbandriss zugezogen, als er es den Jungen noch mal richtig zeigen wollte.

Da sollen wir uns mit 60 noch mal auf den Platz stellen? Aber wirklich nicht. Wenn ich auch nicht viele Prophezeiungen über die Zukunft abgeben möchte, so viel kann ich sicher sagen: Auf einem Fußballplatz werden Sie mich nicht mehr sehen. Das ist für beide Seiten besser, für den Platz und für mich.

Es ist also zunächst einmal der reine Pragmatismus, der dafür spricht, die 50er Jahre noch einmal ordentlich zu genießen: Was weiß man schon, was danach kommt? Davon abgesehen hat man mit 50 dann doch einiges an Kratzern abbekommen und gearbeitet hat man auch genug: irgendwas zwischen 20 und 30 Jahre. Erstens ist das eigentlich schon genug, zweitens sollten wir realistisch sein: Wer bis dahin nicht irgendwas auf die Reihe bekommen hat, der wird die Weltkarriere jetzt auch nicht mehr hinlegen.

Kinder aus dem Haus, die üblichen Sorgen der Jahre zwischen 30 und 50 vorbei, mehr oder weniger an alles: Haken dran. „Haken dran" ist, so wie es scheint, die beste Maxime, die man mitnehmen kann für die kommenden Jahrzehnte. Haken dran – und: Jetzt sind wir wieder dran. Wir ganz alleine.

Dass es das mit der großen Karriere jetzt endgültig war, kann ja auch ein Vorteil sein. Man tut sich dann sehr viel leichter, dem Chef, den Kollegen und überhaupt der ganzen Welt zu sagen, was man wirklich von ihnen denkt. Wir bekommen also möglicherweise ein ganzes Stück von der Freiheit zurück, die wir uns vermutlich irgendwann in den 30ern und 40ern dringend gewünscht hätten. Wenn man aber deutlich weniger Rücksichten nehmen muss und endlich mal tun kann, was man eigentlich schon immer wollte und was man für richtig hält, dann kann das ja vielleicht auch lang verschüttet geglaubte Potenziale wieder zum Leben erwecken. Wenn man lang genug sucht, findet man dann doch erstaunlich viele Spätstarter, die erst mit 50 oder noch später richtig gut geworden sind. Und überhaupt, wollen wir uns die nächsten zehn Jahre davon versauen lassen, dass wir darüber nachdenken, wie schrecklich sie werden könnten?

Trotzdem ist es beruhigend, wenn es irgendwas gibt, was geblieben ist. Das menschliche Hirn, das habe ich mir mal von einem Gehirnforscher erzählen lassen, braucht die Veränderung ganz dringend. Sie ist quasi überlebenswendig, weil das Gehirn sonst langsam einrostet und man selbst ein wenig doof wird. Trotzdem gibt es nichts, was wir in unserem tiefsten Inneren so ungern machen wie uns zu verändern oder Veränderungen zu akzeptieren. Dieses Paradox können wir meistens nur schwer auflösen. Und wenn es uns gelingt, dann eher aus der Einsicht heraus, dass es eben sein muss, als aus allzugroßer Begeisterung heraus. Wenn man dann noch mal zurückschaut, stellt man schnell fest, dass man sich selbst andauernd verändert hat und das Leben sich gleich noch mit dazu. Wie schön, wenn es irgendetwas gibt, was mit gutem Gewissen bleiben kann. Was nicht als aus der Zeit gefallenes Erinnerungsstück dasteht und nicht weggegeben wird, weil man sonst gar nichts mehr hat.

Bei John, Paul, George und Ringo weiß man, dass sie einen Platz in den Lexika der Gegenwart und der Zukunft haben. Aber noch viel schöner ist: Selbst mit 80 werde ich noch *The Beatles* hören, egal, auf welchem Gerät auch immer ich sie dann abspielen werde.

Falls ich dann überhaupt noch lebe. Mit 80.

ENDE

34

Das etwas andere Glossar

Bücher haben normalerweise am Ende einen Index. Ein Glossar. Oder ein Register. Dieses Buch hat etwas anderes, sozusagen eine Weltpremiere. Es ist das erste Glossar, in dem auch etliche Begriffe stehen, die innerhalb des eigentlichen Textes gar nicht vorkommen. Es ist eine Sammlung von Begriffen, die für uns mal Alltag waren und die heute kein Mensch mehr versteht, zumindest keiner von den Jüngeren.

Das Glossar ist auch deswegen eine Premiere, weil es gar nicht von mir stammt. Ab und an ist unsere Generation nicht so fortschrittsverweigernd, wie es immer heißt. Man trifft nicht wenige bei *Facebook*, was übrigens vermutlich auch ein Begriff ist, den in 25 Jahren keiner mehr kennt. Dort habe ich gefragt. Nach solchen Begriffen. Die Resonanz war umwerfend, innerhalb weniger Stunden kamen über 400 Vorschläge. Dass sich hier nicht alle Begriffe wiederfinden, hat mehrere Gründe. Zum einen gab es natürlich Dopplungen, zum anderen waren auch Begriffe darunter, die nicht ganz in diese Kategorie fallen. Trotzdem Danke an alle, die mitgemacht haben, das waren

Marcus Nicolini, Marc Briele, Thomas Wiegold, Simon Laufer, Regine Gress, Sebastian Christ, Karin Geupel, Annika Witzel, Marcus Schwarze, Matthias Waldorf, Thomas Horsmann, Jenny Warzecha, Wolfgang Blau, Kathrin Haimerl, Urs Steiner, Martin Honz, Kristian Laban, Karsten Werner, Gerhard Rettenegger, Horst Müller, Heike Rost, Sandra Schink, Marian Semm, Mike Karl, Uwe Renners, Cordt Schnibben, Nadja Amireh, Andreas Rüther, Hendrik Bortels, Thomas Pfeiffer, Gabriele Goderbauer-Marchner, Christian Lindner, Christian Daubner, Pia Kleine Wieskamp, Heike Scholz, Martin Jungfer, Markus Riese, Gerhard Schuster, Jan Dermietzel, Heinz Wittenbrink, Marco Maas, David Zwadlo, Paul J. Hahn, Jan Piatkowski, Martin Heller, Sascha Knöchel, Klaus Eck, Julian Heck, Christian Sprenger, Su Steiger, Jonas Grashey, Christina Jungkurth, Michael Ehlers.

Falls ich jemanden vergessen habe, sorry. Aber Sie wissen ja, die Leistungen des Gehirns lassen nach in diesen Jahren.

Die Begriffe:

- Fernsprechgerät
- Telefonzelle
- Heiermann
- Wählscheibe
- Game Boy

- Amiga
- Telex
- Steno
- VHS
- Super 8
- Matrizen
- Walkman
- Bandsalat
- Farbband
- Tonband
- Briketten
- Raider
- Fernschreiber
- BTX
- Nadeldrucker
- Modem
- Lederball
- Telespiel
- Revolverschaltung
- Blaupapier
- Polaroid
- Flipper (das Gerät)
- Flipper (das Tier)
- Kassettenrekorder
- Transistorradio
- Transit-Strecke
- D-Zug
- Grammophon
- Negative
- Abzüge
- Dias

- Autotelefon
- Euroscheck
- Sendepause, Sendeschluss
- Erdbeerbowle
- Moulinette
- Verwöhnaroma
- Weckglas
- Katalysator
- Gammler
- Brockhaus
- Schreibmaschine
- Wienerwald
- Straßenfeger
- Bundesbahn
- Videoclip
- Rauchware
- Bonanzarad
- Rollschuhe
- Trimm-Dich-Pfad
- Testbild
- SBZ
- Radikalenerlass
- Flugblatt
- Wandzeitung
- Waldsterbensbericht
- Karnickelpass
- NSU (als Auto)
- Wilde Ehe
- Warmbadetag

35

Danke an …

… Christine Knauer für das Titelbild und alles andere.

… Annika und Alica Jakubetz für die Tatsache, meine Töchter zu sein (trotz alledem).

… Jochen Markett für zwei unfassbar inspirierende Reisen mitten in komplexen Jahren.

… Sunny, meinen unermüdlichen Motivationscoach und Trainingspartner.

… alle, die mich in den Monaten der Arbeit an diesem Buch ertragen haben.

Es gibt zudem im Leben eines 40-Jährigen immer Menschen, denen man ausdrücklich nicht danken sein sollte. Das sei hiermit geschehen. Ihr wisst, dass ihr gemeint seid.